Besuchen Sie uns im Internet:

www.steinkopf-verlag.de

In dreißig Aufsätzen geht der Autor auf typische Sorgen und Fragen des Lebens ein. Ohne langatmig zu werden, hält er inne bei den Meilensteinen des Lebens: Gelassenheit, Intuition, Streit und Versöhnung, Trauer, Loslassen, Vorsorge und Weitsicht, Ichfindung und Selbstvertrauen, Ängste und Enttäuschungen, Träume, Glaubwürdigkeit, Beten, Autorität, Liebe, Glück und Pech, Schuld und Heiligkeit, Gottesbilder u.a. Eine Wegweisung für alle. Damit das Leben gelingt.

Jörg Müller

Haben wir noch Bier im Keller ?

30 Aufsätze,

die Ihr Leben erträglicher machen

J. F. Steinkopf Verlag

ISBN 3-7984-0763-0

Einbandgestaltung: Florian Huber, Thalhausen

Printed in Germany

Inhalt

Dr. Jörg Müller – Jg. 1943, Pallottinerpater und Psychotherapeut mit eigener Praxis in Freising bei München – ist Autor zahlreicher Steinkopf-Erfolgstitel zur christlichen Lebenshilfe:

Gott heilt auch dich *ISBN 3-7984-0580-8*
Seelische und körperliche Heilung durch lebendigen Glauben

Hätten Sie's gewusst? *ISBN 3-7984-0753-3*
100 Antworten auf Glaubensfragen für eilige Zeitgenossen

Höre, was ich nicht sage *ISBN 3-7984-0732-0*
Die Aufdeckung unserer verschlüsselten Verhaltensweisen

Ich habe dich gerufen *ISBN 3-7984-0720-7*
Meine Erfahrungen mit Gott

Lebensängste und Begegnung mit Gott *ISBN 3-7984-0614-6*

Nein sagen können *ISBN 3-7984-0640-5*
Verständnis und Missverständnis christlicher Demut

Und heilt alle deine Gebrechen *ISBN 3-7984-0669-3*
Psychotherapie in christlicher Sicht

Verrückt – Ein Christ hat Humor *ISBN 3-7984-0701-0*
16 Kapitel gegen Mutlosigkeit

Was kränkt, macht krank *ISBN 3-7984-0759-2*
Welche Bedeutung haben psychosomatische Erkrankungen?
(Näheres zu diesem Titel auf der vorletzten Seite)

Zur Unterscheidung der Geister *ISBN 3-7984-0734-7*
Wege zum geistlichen Leben

Mit Weitsicht gelingt das Leben

Als ich zum zweiten Mal sitzen blieb, sagte der Lehrer zu meiner Mutter: »Holen Sie ihn von der Schule. Ihr Sohn schafft das nicht.« Meine Mutter antwortete: »Vielleicht schafft er es doch; wir haben ja Zeit.« – »Er verliert Jahre«, entgegnete der Lehrer. »Das sehe ich anders«, erwiderte meine Mutter, »er gewinnt Erfahrung.«

Das war die Weitsicht meiner Mutter, einer einfachen Hausfrau, die nicht die akademische Bildung jenes Lehrers hatte. Sie war lebensnaher und weitsichtiger als der gelernte Pädagoge.

Ich denke, nur hoffende und vertrauende Menschen sind imstande, über den Horizont zu schauen und nicht mit Scheuklappen durchs Leben zu gehen. Depressive, ängstliche und zwanghafte Menschen schauen zu Boden, engen ihr Blickfeld ein und verlieren sich im Augenblick. Eine Mutter, die aus falscher Fürsorglichkeit ihren Kindern sämtliche Probleme löst, schafft Probleme. Denn eines Tages wird sie erkennen, wie unselbstständig und unsicher ihre Kinder geworden sind. Die gute Erziehung kalkuliert das Risiko ein, rechnet mit dem Irrtum und mit den Krisen, geht ihnen nicht aus dem Weg. Letztlich schafft das nur derjenige, der Vertrauen hat.

Als ich mit fünf Jahren zum ersten Mal das Meer sah, es war die Nordsee auf Sylt, weinte ich. So sehr war ich von der Unendlichkeit des Wassers ergriffen. Zugleich spürte ich so etwas wie Fernweh, Sehnsucht nach dem, was dahinter kam. Siebzehn Jahre später fuhr ich mit dem Auto durch die algerische Sahara. Sand so weit das Auge reichte. Nichts als Sand. Es war beeindruckend. Seltsam, dachte ich, wie faszinierend kann doch so eine eintönige Landschaft sein. Erst die Verbindung von Sand und Weite machte das Faszinosum aus.

Weitsicht im Straßenverkehr

Jährlich fahre ich 60.000 km auf Europas Straßen. Dabei begegne ich so manchem blinden Autofahrer. Sie werfen kaum einen Blick in den Rückspiegel, sonst würden sie nicht so stur auf der Überholspur bummeln. Und nichts regt mich so auf wie bummelnde, hinderliche Fahrer, die dann auch noch ihr bestricktes Klopapier am Heckfenster ausstellen und eine Schlägermütze aufhaben, die beim Überholen Oberlehrer spielen und nicht merken, dass sie seit geraumer Zeit eine ganze Autoschlange hinter sich herziehen. Solche Typen sind Wetzsteine für meine Geduld; möglicherweise verdanke ich ihnen später mal meine Heiligkeit – oder mein Fegefeuer.

Wie oft hänge ich als Schlusslicht im Stau und lasse ausreichend Abstand zu meinem Vordermann, damit ich rechtzeitig ausweichen kann, wenn der mir folgende PKW nicht mehr bremsen kann. Viermal schon konnte ich dadurch einem Sandwich-Aufprall entgehen.

Tatsächlich agieren und reagieren weitsichtige Menschen besser. Sie schauen weiter als bis zum Nachbarn. Da ist ein LKW, der so dicht auf den Vordermann auffährt, dass er vermutlich gleich ausscheren wird; also runter vom Gas und mit allem rechnen.

Ein Radfahrer ist neben den parkenden Autos für einen Moment zu erkennen; unschwer zu erraten, dass er gleich an meinem Kühlergrill vorbeirauscht; also beim Einbiegen aufpassen.

Es sind hundert blitzartige Entscheidungen zu treffen, die nur gut gehen, wenn man ständig um sich schaut und weiter schaut und vorausschaut. Doch zu viele schauen weg statt hin.

Vorsorge im Leben

Bis zum 40. Lebensjahr war ich unsterblich. Wie jeder andere unter vierzig auch. Danach dämmerte mir die langsame Einsicht, dass auch ich mal sterben werde. Doch der Gedanke an den eigenen Tod wird gern weggeschoben. Wer macht schon so früh ein Testament? Nicht wenige Frauen leiden nach dem Verlust ihrer Männer auch an der fehlenden Weitsicht ihrer Männer. Im Alltag waren die Rollen stets gut verteilt: Sie kochte und war hauswirtschaftlich tätig; er kümmerte sich um die

Heizung, um die Wasserhähne im Keller, um die Finanzen. Jetzt steht sie da, die Witwe, und hat keine Ahnung, welcher Hahn im Heizungskeller wozu gut ist und was der rote Knopf zu bedeuten hat. Und dann: Wo hat er denn nur die Abrechnungen hingetan?

Da handelt so mancher Gatte vorsorglich, indem er früh genug seiner Frau erklärt, was Sache ist. Mein Vater selig hat alles genau beschriftet. Da weiß man, was man hat. Meine Mutter zeigte mir, wo die Adressen liegen für den Fall des Falles. So was gibt Sicherheit.

Und Hand aufs Herz: Haben Sie Vorsorge getroffen für den Tag X? Auch in geistlicher Hinsicht? Könnten Sie, wenn auch ungern, guten Gewissens heute Nachmittag sterben?

Beispielsweise: Sind Sie versöhnt? Wissen Ihre Verwandten, die Kinder und Partner über alles Bescheid? Gibt es ein sogenanntes Patiententestament, in dem Sie geregelt haben, ob für Sie die passive Sterbehilfe in Frage kommt? Ist das Wegerecht mit dem bösen Nachbarn endlich geklärt?

Wir schimpfen auf Gott, wenn wir nicht erkennen können, wozu das Leid gut sein soll.

Meine Karriere glich einer Achterbahn. Da ging kaum etwas geradeaus. Es waren Umwege, Irrwege, Abwege. Vier Berufe musste ich ausüben, bevor ich im zweiten Drittel meines Lebens das werden durfte, was ich mit sieben Jahren werden wollte: Priester. Manche wenig weitsichtigen Leute meinten, ich verzettelte mich.

»Wozu haben Sie das alles nun gemacht, Herr Pater? Sie waren Lehrer, Schauspieler, Aussteiger in Tunesien, Psychologe und was weiß ich noch alles. Und jetzt sind Sie Priester. Bedauern Sie nicht, dass Sie es so spät geworden sind?« Das war die Frage einer frommen Frau. Ich verneinte. Bedauern? Warum?

Ich brauche diese Erfahrungen alle, übe diese Berufe alle aus; ich bin als Priester immer auch Therapeut, Schauspieler (bedenken Sie doch: die hl. Messe als heiliges Schauspiel), Lehrer, Aussteiger (aus dem Trott des Gewöhnlichen). Nein, nein. Gott ist da viel weitsichtiger als wir. Er wusste, was für meine Entwicklung wichtig war. Und es kann immer noch ganz spannend werden . . .

Weitsicht drückt sich nicht vor Konflikten

In unserer therapeutischen Einrichtung der »Heilenden Gemeinschaft« werden wir regelmäßig mit Menschen konfrontiert, die konfliktscheu geworden sind, ja fast harmonie- süchtig. Schon als Kinder haben sie durch ihre Eltern erfahren, wie man Auseinandersetzungen aus dem Weg geht. Jetzt kehren sie ihre Konflikte unter den Teppich und verschweigen ihre Gefühle um des »lieben Friedens willen«, der keiner ist. Gott selber handelt anders. Er mutet uns aus Liebe auch Frustrationen und Konflikte zu. Wer früh genug gelernt hat, sich zu stellen, kann dem Leben in die Augen schauen. Übung macht den Meister.

Ich erschrecke immer über gewisse Christen, die meinen, Streit dürfe es nicht geben. Die oft zu hörende Bemerkung: »Ich will doch nur dein Bestes«, entpuppt sich meist als kurzsichtige Verdrängung von unerwünschten Bedürfnissen anderer. Doch auch das freundliche Wegschieben elementarer Empfindungen führt bald zu erheblichen Kleinkriegen, meist auf verschlüsselte Weise. Wer mit sich selber nicht fertig wird, macht gern andere fertig.

Über den Wolken muss die Freiheit grenzenlos sein

Reinhard Mey weiß es. Reinhold Meßner auch. Alle Bergsteiger und Gipfelstürmer wissen es: Unser Denken weitet sich, sobald wir gewisse Höhen erreicht haben und herabblicken auf die Täler mit den schmalen Straßen und winzigen Häusern. Von oben bekommen die Dinge eine andere Dimension. Der weite Blick in die Ferne hat Folgen auch für unser Denken und Handeln. Es ist bekannt, dass Bergsteiger, Vielflieger, Fallschirmspringer und Gleitschirmflieger großzügiger denken, tolerantere Maßstäbe anlegen und angstfreier leben als jene, die über ihre Stadtgrenze nicht hinauskommen. Und ob der tägliche Anblick einer Bergwand vor der Haustür den Blick auf Dauer einengt, ist noch nicht geklärt. Auf jeden Fall: Raus aus dem Haus, rauf auf die Höhen, und du spürst befreiende Dimensionen – weg vom kleinlichen Denken und Tun.

Jeder Zustand kann morgen anders sein
Wer depressiv ist und im Loch hängt, sollte sich bewusst machen, dass dieser Zustand, oft auch durch negatives, eingeengtes Denken gefördert, vergehen wird. Das öffnet den Blick für ein besseres Morgen und relativiert jede Krise. Natürlich gilt das auch für die Sternstunden der Erfolge und Hochgefühle. Diese Erkenntnis soll nicht zur Resignation, sondern zur klugen Vorsorge führen. Übermut tut selten gut. Dankbarkeit für das eine, Hoffnung für das andere. Hitler hatte stets eine Zyankali-Kapsel bei sich. Auch das war in gewisser Weise weitsichtig. Jedoch auch hoffnungslos. Hier war nicht die Klugheit das Motiv seines Tuns, sondern die Feigheit. Wir sollten nicht die Flucht vorbereiten, sondern das Kommen des Herrn. Das wäre wirklich sehr weitsichtig.

Auf die innere Stimme hören

Ein Soldat bittet den Vorgesetzten, seinen im Kampffeld liegenden Kameraden suchen zu dürfen. Der Vorgesetzte lehnt dieses Ansinnen ab. Doch der Soldat hört nicht auf das Verbot; er fühlt im Herzen den Aufruf, aufs Feld zu gehen, und tut es. Dabei wird er selber tödlich verletzt. Erschöpft kommt er ins Lager zurück, den toten Kameraden auf dem Rücken. »Ich habe Ihnen doch gesagt, dass Sie nicht gehen sollten. Jetzt haben wir zwei Tote.« – »Sir«, antwortet der Soldat mit letzter Kraft, »es hat sich gelohnt. Als ich kam, lebte mein Kamerad noch und sagte: „Ich wusste, dass du kommen würdest, Jim.“«

Diese Geschichte, von Antony de Mello überliefert, mag etwas aus dem Rahmen fallen. Ich will damit deutlich machen, dass einer durchaus Recht haben kann und richtig handelt, wenn er seiner inneren Stimme folgt. Doch er muss mitunter für diese Entscheidung einen hohen Preis zahlen.

Göttliche Eingebung oder richtige Ahnung?

Wir alle kennen diesen Kampf zwischen der intuitiven Empfindung, die uns manchmal antreibt, und den vorgegebenen vernünftigen Richtlinien, die dagegenstehen können. Churchill hatte eine Flak-Batterie besucht und wollte gerade wieder ins Auto steigen, als er die aufgehaltene Tür ignorierte und auf der anderen Seite des Wagens einstieg. Da explodierte eine Fliegerbombe, die den Wagen beschädigte, ihn aber verschonte, weil er die tödliche Seite mied. Hellseherei? Zufall? Göttliche Eingebung? Intuition? Nennen Sie es, wie Sie wollen. Ich glaube, dass Gott auch durch intuitive Kräfte wirkt, z.B. wenn wir sagen, einer habe einen guten Schutzengel gehabt. Da lehnen vier Verlage das Manuskript »Vom Winde verweht« des unbekannten Autors Erich Maria Remarque ab. Der Lektor des fünften Verlages »riecht« die Chance und lässt es drucken; es wurde ein Weltbestseller. Manche haben eben einen guten Riecher oder ein geschicktes Händchen. Intuition und Gewissen sind kaum trennbare Institutionen; sie greifen ineinander über. Während das Gewissen eher die moralische Instanz darstellt, lässt sich die Intuition als kreative Instanz definieren.

Manchmal ist der Verstand unvernünftig

Das Richtige zu tun ist doch einfach. Oder? Wir haben unsere Gesetze, unsere Bestimmungen, unsere Regeln und Traditionen. Doch wer sich nur daran orientiert, wird oft genug das Falsche tun. Auch der handelt verantwortlich und durchaus richtig, der Regeln instinktiv außer Acht lässt. Wie oft haben wir gegen alle Logik und Ratschläge der Menschen richtig entschieden! Wir folgten einer spontanen Eingebung, einer drängenden Ahnung, ohne sie vernünftig erklären zu können. Das Leben kann nicht allein mit dem Verstand erfasst werden. Frauen hören eher auf dieses »Bauchgefühl« als Männer, weil Männer Angst haben, sonst als zu weich und zu irrational zu gelten. Nicht umsonst spricht man von der weiblichen Intuition. Sehr oft haben Frauen das Richtige getroffen zum Erstaunen ihrer Männer. Die Esoterik hat diese ganzheitliche und spontane Kraft der Intuition wieder hoffähig gemacht, allerdings auch zu einseitig betont. Eine Intuition ohne Reflexion wäre auf Dauer schädlich und gefährlich. Denn sie kann irren. Es ist nicht leicht, sie von reiner Spekulation oder Vermutung zu unterscheiden. Wie oft sagen wir: »Ich hab's ja geahnt. Ich hatte von vornherein so ein dummes Gefühl«, und ärgern uns, dass wir nicht auf diese innere Stimme gehört haben. Intuitionen sind manchmal prophetisch; sie sind allen Demoskopien, Wahrscheinlichkeitsrechnungen und rationalen Entscheidungshilfen überlegen. Man tut einfach Dinge richtig und weiß nicht wieso.

Eigenartigerweise begleiten sie einen nicht immer und überall. Ein intuitiver Arzt mag ein Diagnose-Genie sein, im Privatleben jedoch ist er wenig sensibel und geradezu hilflos. Ein Personalchef ist vielleicht bei der Auswahl der Bewerber sehr geschickt, verspielt aber an der Börse seine ganzen Ersparnisse. Um also Schaden zu meiden, sollte jeder seine Grenzen kennen.

Werft das Netz rechts aus

Ob Jesus mit dieser Aufforderung auf die erfolgreiche, aber vernachlässigte rechte Seite des menschlichen Gehirns hinwies? Rechts ist die Intuition angesiedelt, es ist die kreative, emotionale, instinktive Seite. Links liegt eher die Vernunft, die Ratio, der Intellekt. Wer das Netz rechts auswirft, bedient sich auch der sogenannten weiblichen Seite. Tatsächlich haben jene mehr Erfolg, die beide Seiten ihres Gehirns nutzen. Das erfordert bisweilen Mut und Originalität; man kann seine »Überlegungen« und Entscheidungen nicht immer rational begründen und muss gegen alle »vernünftigen« Ratschläge der Mitmenschen oft im Alleingang seine Schritte wagen.

Jesus lief mit zwölf Jahren weg und wurde nach drei Tagen im Tempel gefunden. Das gab Ärger. Doch seine Erklärung hat niemand verstanden: »Ich muss in dem sein, was des Vaters ist.« Frei und aus psychologischer Sicht übersetzt: Ich muss mit Beginn der Pubertät lernen, auf die innere Stimme zu achten. Wir tun gut daran, dasselbe zu üben, soll unser Leben Qualität haben. Wer sich nur im abgesicherten Rahmen von Vorschriften und anerzogenen Einflüsterungen (Suggestionen) bewegt, wird zwar nicht juristisch schuldig, aber essenziell. Was heißt das? Er flieht vor der Eigenverantwortung, wagt nichts, vergräbt seine Talente, entwickelt sich nicht. Er lebt nicht, er existiert nur. Die Erfahrung zeigt, dass die Menschen sich seltsamerweise nur dann weiterentwickeln, wenn sie ihrer Intuition und ihrem Gewissen folgen, was mitunter ein Akt des Ungehorsams gegenüber Vorgesetzten sein kann. Das erfordert Mut und Vertrauen. Leider gibt es nicht viele solche Originale, aber zu viele Kopien, die nach dem Motto handeln: Ich mache, was die anderen machen, das kann nicht falsch sein. Etliche darunter haben gar keine persönliche Überzeugung; aber die verteidigen sie mit Leidenschaft.

Wir werden ständig manipuliert

Medien, Werbung, Politik, Erziehung, Freunde, sie alle beeinflussen uns. Wie oft würden wir ganz anders denken, reden und handeln, wenn wir auf unsere Eingebungen hören würden. Da wird einer Kundin im Weingeschäft eine kostenlose Probe angeboten, und schon vermag sie sich kaum dieser freundlichen Manipulation zu entziehen. Eigentlich will sie nichts kaufen, aber jetzt tut sie es doch. Sie ist nicht stark genug, nein zu sagen. Da klatschen alle im Publikum Beifall, obgleich niemand so recht weiß, weshalb. Aber im Publikum verteilte Claqueure geben vor, wann zu klatschen ist, und die Masse macht mit. Gerade in Talkshows wird auffällig, wie oft die Zuschauer an Stellen klatschen, wo man lieber schweigen sollte. Die Medien machen Meinungen, und die meisten Leser halten diese für Wahrheit, ganz besonders, wenn diese Meinung der eigenen Haltung entgegenkommt. Eigenartigerweise halten diese Leute dann ihre »persönliche« Meinung für durchdacht und vernünftig, obgleich sie tatsächlich emotional geprägt ist (z.B. die spöttischen Bemerkungen der »Vernünftigen« gegen Marienverehrer; die diffamierenden Unterstellungen der Parteifreunde von X gegen die Meinung der Parteifreunde von Y). Machtsymbole beeinflussen unser Verhalten: Da reicht der weiße Kittel, die Uniform, der Titel, und wir schmelzen dahin. Da bedarf es einer gewissen Selbstsicherheit und Authentizität, um sich nicht einlullen zu lassen. Derartige Suggestionen übertönen sonst die leisen inneren Stimmen und machen uns zu Sklaven äußerlicher Vorgaben. Auch der kann schuldig werden, der sich stets von anderen sagen lässt, was er zu tun hat. Deshalb ist die verweigerte Anpassung, die ja gerade den Intuitiven zu Eigen ist, eine notwendige Tugend. Sie muss stets hinterfragt werden, oft blitzschnell; denn die Intuition oder Inspiration lebt vom Augenblick.

Gottes Spuren entdecken

Ein Mann sucht Gott. Er meinte, ihn im gewaltigen Sturm zu finden; doch da war er nicht. Auch im Erdbeben fand der Mann ihn nicht, ebenso wenig im Feuer. Erst als ein sanftes Säuseln des Windes zu bemerken war, vernahm er die Stimme Gottes. So erging es dem Prophet Elias (1. Kön 19,11–13). Wir machen in unserem Leben oft eine ähnliche Erfahrung: Gott lässt sich nicht so sehr im Gewaltigen und Überwältigenden finden, eher im Kleinen, im Unscheinbaren und vor allem in der Stille.

Das Banale erhält Bedeutung

Da vergehen Millionen Jahre, ehe die Menschheit erkennt, dass Steine und Pflanzen heilende Kräfte in sich bergen. Gegenwärtig ist die hl. Hildegard von Bingen hoch im Kurs. Sie erkannte die unterschiedliche Wirkung der Edelsteine und auch der Pflanzen. Diese Erkenntnis bekam sie nicht in Trance oder in ekstatischen Zuständen, auch nicht durch spiritistische oder magische Praktiken, sondern durch Forschung und göttliche Eingebung. Die Bibel gibt ihr Rückendeckung: So tragen die Hohepriester eine Brusttasche mit zwölf Edelsteinen; es sind dieselben Steine, die als Grundsteine für das neue Jerusalem in der Offenbarung genannt werden. Wenn die Priester ihr Heilwissen anwandten, trugen sie den Achat, der die spirituellen Kräfte weckt und die Gedanken reinigt. Als Schmuckstein ist er häufig an den Lesepulten der Kirchen zu finden. Hildegard entdeckte für uns die heilsamen Spuren Gottes im »toten« Gestein, das erst über Millionen Jahre hinweg durch Wasser, Wind und Sonne seine heilenden Kräfte entfalten konnte. Weil sich inzwischen Anhänger esoterischer Prägung dieser Edelsteintherapie angenommen und sie manchmal auch verfälscht haben, haben etliche Christen Probleme damit. Eine gute und seriöse Darstellung gibt der Arzt Gottfried Hertzka in seinen Büchern.

Spuren im Sand

Als Student fuhr ich mit dem Auto quer durch die algerische Sahara. Das war ein nicht ungefährliches, doch auch ein sehr eindrucksvolles Erlebnis. Stellen Sie sich vor: Sie sehen tagelang nichts als Sand. Sand in allen Formationen. Haushoch. Von der Sonne bis auf 60 Grad aufgeheizt. Und dann diese Stille. Es war so still, dass man die Stille hören konnte. Nachts leuchteten Milliarden von großen und kleinen Punkten am klaren Himmel. So viele sind über unserem europäischen Himmel nicht zu sehen. Weit und breit kein Mensch, nur Sand und Sterne. In dieser Stille wurde mir die Nähe Gottes deutlich. Ich entdeckte unscheinbar kleine Spuren eines Käfers und gleichzeitig eine endlose Wüste von Sand. Nicht jeder sieht in dieser monotonen Landschaft Spuren Gottes. Dazu bedarf es des Glaubens. Manche sehen lediglich eine Fata Morgana, eine Luftspiegelung.

Offenheit zum Glauben

Bei meiner zweiten Reise begleitete mich ein Freund. Er tat sich schwer mit der Stille und mit dem Sand, der uns ständig zwischen die Zähne geriet. So legte er immer wieder Musikkassetten ein, um die für ihn unangenehme Stille zu übertönen. Ihn faszinierten mehr die orientalischen Märkte mit ihrem charakteristischen Lärm. Mir war daran gelegen, die Stationen Charles de Foucaulds aufzusuchen, der nach einem wüsten Leben in Paris ein Leben in der Wüste führte und täglich vor seiner kleinen Monstranz betete. Sie erinnern sich vielleicht noch an den russischen Kosmonauten Juri Gagarin, der nach seinem Ausflug ins All sagte, er habe Gott dort oben nicht gefunden. Der deutsche Kosmonaut Ulf Merbold hingegen sprach in größter Ehrfurcht von Gott, dem Schöpfer des Universums.

Auch er hat ihn nicht mit seinen Augen gesehen, aber in der vom Glauben geleiteten Erkenntnis gespürt. Tatsächlich ist Gott überall; nur manche Menschen sind immer woanders.

Staunen und Nachdenken

Wir Erwachsene sind manchmal sehr verkopft. Wir haben das Staunen verlernt. Darin sind uns die Kinder Vorbild: Sie haben noch einen Blick für das Kleine und Unscheinbare. Sie stellen die Frage nach der Herkunft der Geschöpfe und nach ihrem Ziel. Je informierter und technisch versierter der Mensch nun wird, desto mehr tritt an die Stelle des Staunens das Wissen um das Machbare. Gentechnische Manipulationen und perfekte Nachbildungen in vielen Bereichen lassen im Menschen das Gefühl aufkommen, selber zum Schöpfer und Gott ähnlich zu werden. Immer mehr entdeckt der Mensch seine eigenen Spuren in der Welt, um nicht zu sagen, sein Getrampel im Kosmos (Weltraumabfall) und auf der Erde (Umweltverschmutzung, Versiegelung der Landschaften, Ausrottung von Fauna und Flora). Da mag vielleicht noch die Sehnsucht nach der heilen Welt wach bleiben, kaum aber das Bewusstsein um die eigene Unfähigkeit oder um die schöpferische Macht eines liebenden Gottes. Und Hand aufs Herz: Sind die Rätsel Gottes manchmal nicht befriedigender als die Lösungen der Menschen?

Wirkt Gott auch in der Geschichte?

Die meisten Menschen vermögen ohne Schwierigkeit Gottes Spuren in der Natur zu erkennen. Viele Suchende kommen dadurch zum Glauben. Doch wenn es darum geht, die Größe und Phantasie Gottes auch in den Geschehnissen der Zeit zu erkennen, tun sich Menschen schwer. Zu viele negative Ereignisse haben die Zeit geprägt, und Gott hat sie nicht verhindert.

Sie fragen sich, wo er denn geblieben ist in Auschwitz, in Hiroshima, in Vietnam, bei der letzten Hochwasserkatastrophe. Die Ohnmacht des Einzelnen, auf politischer Ebene etwas bewegen zu können, verführt manchen Zeitgenossen zum Sarkasmus, zur Resignation oder zum Fatalismus. Wo ist Gott? Und warum tut er nichts? Diese Fragen bewegen uns alle. Doch die Antwort lautet: Der Mensch selber hat alle Möglichkeiten und Fähigkeiten, Frieden oder Krieg zu schaffen. Gott ist kein Zampano, der beliebig eingreift und die Suppe auslöffelt, die sich der Mensch eingebrockt hat.

Wenn wir uns die bewegende Geschichte der Kirche anschauen, stellen wir mit einem gewissen Erstaunen fest, dass diese Kirche trotz vieler Fehler immer noch steht. Und auch jetzt, wo sie ziemlich gebeutelt wird und viele ihren endgültigen Untergang prophezeien, wird sie bleiben. Nirgendwo wird die unsichtbare und in ihrer Logik nicht zu ergründende Führung Gottes so offenkundig wie an dieser Kirche. Auch politisch ist gewiss die Hand Gottes im Spiel. Ist der so rasch eingetretene Zerfall des Kommunismus mitsamt dem Fall der Mauer nicht ein Zeichen des Himmels? Wir können kaum erahnen, wie groß der Einfluss der Beter auf die politischen Geschehnisse ist.

So ohnmächtig sind wir nun doch nicht. Die Mittel zur Veränderung bestehender Verhältnisse heißen: Gebet, praktische Nächstenliebe, verantwortlicher Umgang mit unseren Fähigkeiten.

Gott ist spürbar im Leben des Einzelnen

Christliche Buchhändler versicherten mir, dass religiöse Bekehrungsberichte von neuzeitlichen Autoren sehr gefragt seien. Die Leute möchten wissen, wie sich Gott im Leben des Menschen zeigt, was er bewirkt und wie sie selber ihn im eigenen Leben erfahren können. Ein Bestseller ist das Buch des verstorbenen André Frossard, der zwanzigjährig dem Kommunismus abschwor und ein tief gläubiger Christ wurde. »Gott existiert. Ich bin ihm begegnet«, heißt sein Buch. Oder das verfilmte Buch von David Wilkerson: »Das Kreuz und die Messerhelden«, das eine Auflage von elf Millionen erreichte und das Wirken Gottes an einer ehemals kriminellen Jugendbande beschreibt. In jedem Leben lässt sich die Spur Gottes finden, sofern man sucht. Aber es soll ja Leute geben, die Gott suchen und sind froh, wenn sie ihn nicht finden.

Wer am Morgen aufsteht mit der Absicht, Gottes Führung zu erkennen, wird den Tag bewusster erleben und hie und da die deutliche Handschrift Gottes wahrnehmen. Dies ist nur dem möglich, der sich dafür öffnet. Der Glaubende weiß, dass Zufälle mitunter Ereignisse sind, die ihm von oben zufallen. In dieser Hinsicht kann er sie anders deuten und auswerten. In meinem eigenen Leben finde ich immer wieder Spuren Gottes. Selbst auf den Umwegen. Manchmal allerdings habe ich sie erst viel später identifizieren können. Oft war mein Blick auf andere Dinge gerichtet, bisweilen habe ich die Spuren falsch gelesen bzw. es gab auch falsche Spurenleger.

Gott geht im Leid voraus

Wer dicht hinter ihm geht, verliert seine Fährte nicht. Dann ist der Weg durch die Wüste nicht gar so schlimm. Ich habe lange mit Gott gehadert, weil ich 20 Jahre länger brauchte als die anderen, um Priester zu werden. Verschiedene Berufe übte ich aus, ständig auf der Suche nach dem richtigen Weg. Dabei habe ich mich fast verlaufen.

Eines Tages fand ich seine Spuren wieder. Ich vernahm innerlich seine Stimme und folgte seinem Ruf. Das war in Salzburg, wo ich an einem Tag dreimal den Satz hörte: »Ich rufe dich bei deinem Namen. Du bist mein!« Und da wurde mir plötzlich klar, dass alle Umwege, Hindernisse und Misslichkeiten für meine persönliche Entwicklung wichtig waren. Und alle Berufe, die ich erlernte, kann ich jetzt als Priester und Psychotherapeut gebrauchen. Nichts war überflüssig oder vergebens. Die Spur Gottes führte auf Umwegen zum Ziel. Überlegen Sie einmal selbst, wo Sie jetzt gerade stehen und ob Sie seine Fährte erkennen können. Gehen Sie auf Spurensicherung.

Trödeln Sie gerne?

Ich staune immer wieder über gewisse Büromenschen, deren Schreibtisch mit Unerledigtem chronisch überfüllt ist. Da stapeln sich die Akten und die Briefe zu beiden Seiten, da herrscht ein Durcheinander von Papieren, dass zum Auffinden bereits Zeit vergeudet wird.

Mein Schreibtisch ist am Abend leer. Ich schiebe nichts auf, ich erledige vieles telefonisch. Nichts bleibt liegen. Post, Rückrufe, Rechnungen werden möglichst noch am selben Tag vom Tisch gebracht, erbetene Publikationen sobald wie möglich produziert. Dadurch bleibt Zeit übrig, die ich für anderes nutzen kann, sofern ich nicht auf Vortragsreisen bin. Die Empfehlung, die Dinge doch liegen zu lassen und irgendwann einmal zu erledigen, erweist sich bei den meisten Menschen als verhängnisvoll. Täglich addiert sich die Arbeit, und ein überladener Schreibtisch vermittelt einem das Gefühl, einfach nicht vorwärtszukommen. Es gibt allerdings Leute, die gern einen chaotischen Schreibtisch vor sich haben, um sich das Gefühl der Wichtigkeit, der Arbeitsüberlastung zu vermitteln. Oder aber sie sind ganz einfach nur schlampig. Oder sie sind Messies, zwanghafte Sammler von Müll. Nicht das Zuviel an Arbeit macht Stress; sondern das Zuviel an Aufgeschobenem.

Zu großer Ehrgeiz lähmt

Perfektionismus hat nichts mit dem Bemühen zu tun, etwas Perfektes zu leisten; er ist vielmehr ein illusionärer Anspruch, sich ein gutes Image zu verschaffen. Und weil sehr viel Zeit investiert wird, auch für Details, bleibt der Perfektionist letztlich unproduktiv. Der Erfolg eines ganzen Unternehmens kann gefährdet sein, wenn in einer Firma zu viele Perfektionisten tätig sind. Hinzu kommt, dass sie viel häufiger unter Kopfschmerzen und Depressionen leiden als diejenigen, die nicht so anspruchsvoll sind. Es ist nützlicher, die Kreativität zu fördern und Freiräume zu schaffen, damit die Phantasie und Originalität des Einzelnen besser zur Entfaltung kommen kann. Ein zu hoher Ehrgeiz ist paradoxerweise gerade bei risikoreichen Berufen fehl am Platz; denn der Ehrgeizige braucht mehr Zeit. So hat man festgestellt, dass perfektionistische Piloten mehr Unfälle erleiden als ihre lockeren Kollegen. Da kann ich nur empfehlen: Mehr Mut zur Lücke! Courage zur Blamage!

Trödeln oder die Unfähigkeit zur Entscheidung

Perfektionisten neigen zum Trödeln, weil sie anstrengende oder unangenehme Arbeiten ständig vor sich herschieben; sie haben nämlich Angst, ihre Aufgaben nur durchschnittlich zu erfüllen. Nach dem Motto: »lieber keine als eine schlechte Arbeit«, lassen sie sie bis zum Nimmerleinstag liegen und verteidigen so ihre Selbstachtung. Natürlich gibt es auch die echten Faulenzer, die sich vor der Arbeit drücken; diese sind aber nicht von hoher Erwartungshaltung getrieben, sondern von der Unfähigkeit, sich überhaupt zu fordern.

Wer seine Arbeit ständig wegschiebt, zu Verabredungen grundsätzlich zu spät kommt und Rechnungen kurz vor Ablauf der Frist zahlt, hat ein tieferliegendes seelisches Problem. Dieser Mensch hat zu wenig Zutrauen zu sich selbst; er erlebt sich als ängstlich, unorganisiert und antriebslos. Zugleich aber gibt er sich selbstsicher.

Das Trödeln halten manche für eine Form, mit Stress fertig zu werden; allerdings ist es dafür ungeeignet, da es den Stress nur verschiebt und auf Dauer Schuldgefühle erzeugt.

Ein anderer Grund für das Trödeln kann möglicherweise auch in der Angst vor dem Erfolg liegen. Wer rascher und auch noch besser arbeitet als die anderen, muss mit Ablehnung und Neid rechnen oder wird mit dem Etikett des Strebers belegt. Wer die seelische Widerstandsfähigkeit für diese Situation nicht besitzt, wird sich also lieber vor dem Erfolg drücken. Außerdem wird der Chef von ihm weniger fordern, wenn er so langsam arbeitet; denn ein leerer Schreibtisch will sofort neu beladen werden. Wer rasch und gut ist, weckt im Chef Erwartungen. Und so hat der flotte Aktenbearbeiter nicht etwa mehr Zeit zum Entspannen, sondern noch mehr Arbeit.

Die Lösung seines Problems liegt darin, dass er sein Selbstwertgefühl vom Erfolg abkoppeln muss. Solange er sein Ichgefühl von der Leistung her definiert, bewegt er sich in einem Teufelskreis. Außerdem muss er lernen, nein zu sagen und sich selber ein realistisches Ziel zu setzen. Er teilt sich seine Arbeit in kleine, überschaubare Portionen ein mit der Absicht, sie bis zu einem festgelegten Zeitpunkt zu erledigen. Wird er früher fertig, ist Zeit zum Entspannen.

Wer Angst vor Misserfolgen hat, soll sich fragen: »Was ist das Schlimmste, was passieren könnte?« Und für diesen Fall kann er sich Strategien überlegen. Tatsächlich aber passiert in der Regel nicht das Schlimmste; nur die Phantasie gaukelt es vor. Deshalb kann es auch mitunter eine gute Regel sein: Wer ein schwaches Selbstwertgefühl hat, soll sich so verhalten, als sei er selbstsicher. Niemand ist immer nur selbstsicher. Schon seit meiner Schulzeit habe ich oft so getan, als sei ich es. Ich wollte mir die Unsicherheit nicht anmerken lassen und habe manches damit erreichen können. Später, als ich noch nebenberuflich am Theater tätig war, wurde uns gesagt, wir sollten Fehler und Versprecher so überzeugend bringen, als gehörten sie zum Spiel. »Wenn Sie schon einen Schnitzer machen, dann bitte mit Würde«, sagte der Regisseur.

Die Unfähigkeit, sich für längere Zeit auf ein bestimmtes Thema zu konzentrieren, ein Buch zu Ende zu lesen, einem Menschen länger als zehn Minuten konzentriert zuzuhören, ist allenthalben zu beobachten. Inwieweit die Medien, vor allem das Fernsehen, diese Unfähigkeit fördern oder nur spiegeln, bleibt unklar. Denn es fällt auf, dass es kaum noch eine Sendung gibt, in der man sich länger als fünf Minuten einem Thema widmet. Der ständige Wechsel, das kurze Bild- und Textangebot, speziell in den moderierten Klatschsendungen und Video-Clips, erfasst unsere Sinne nur oberflächlich; da vergeht einem buchstäblich Hören und Sehen.

So wird die Zeit teilweise auch totgeschlagen. Wen wundert es, dass sie knapp geworden ist?

Geht es uns nicht allen manchmal so, dass wir im Geist bereits gehen, während wir noch sitzen, dass wir schon laufen, während wir noch gehen, und bereits am Ziel sind, derweil wir noch laufen?

Zeit lässt sich planen

Es gibt heute die raffiniertesten Hilfen zur Zeitplanung. Wer seine Stunden zerrinnen sieht, sollte sich den Verlauf eines ganzen Tages notieren: Wie viel Minuten habe ich was getan? Er wird erschrocken feststellen, dass er durch spontane Handlungen und Leerläufe, durch unüberlegtes Häufen von Terminen und durch einen Mangel an Freiräumen Zeit verliert.

Wenn ich in der Stadt Besorgungen mache, überlege ich mir genau, wie ich doppelte Wege vermeiden kann. In Konferenzen fällt immer wieder auf, wie viel Zeit vergeudet wird durch mehrfaches Wiederholen des bereits Gesagten, durch Abschweifen vom Thema, durch endloses Klären von Geschäftsordnungen und durch ein pausenloses Durchziehen der Sitzung. Wer keine Pausen macht, verliert Zeit. Ist einmal die geistige Aufnahmefähigkeit erschöpft, sind alle Bemühungen, etwas durchzuboxen, vergeblich. Vorausschau hat nichts mit ängstlicher Vorsorge zu tun. Jesus lobt den ungerechten Verwalter, weil dieser für sein Alter vorsorgt. Er schafft sich Freunde für die Zeit, in der er sie einmal gebrauchen kann. Das ist klug.

Was bedeutet das stete Zuspätkommen?

Japan, Deutschland und die USA legen höchsten Wert auf Pünktlichkeit. Das ist eine Frage der Kultur und der Erziehung. Spanien hingegen, Afrika insgesamt und Brasilien an der Spitze bevorzugen eine regelmäßige Verspätung. Ich kann mich nicht erinnern, dass während meiner Tunesienprojekte je Termine bei den Behörden und Terminabsprachen beim Gouverneur eingehalten worden sind. Wer zu spät kommt, ist dort so angesehen wie bei uns jemand, der pünktlich ist.

Denn: Wer zu spät kommt, gilt in diesen Ländern als angesehen, erfolgreich. Man unterstellt ihm einen höheren sozialen Status. Vielleicht ist das einer der Gründe, weshalb auch bei uns so mancher pünktlich zu spät kommt.

Wenn hingegen ein Schüler oder ein Angestellter immer wieder um ein paar Minuten überzieht, will er damit ausdrücken, dass er entweder am liebsten gar nicht kommen will oder für einen Moment im Blickpunkt aller stehen möchte.

Ob einer seine Zeit einteilen kann oder nicht, hängt sehr von der häuslichen Erziehung ab. Ein Kind aus einer Arbeiterfamilie ist eher gegenwartsorientiert und daher unpünktlich, während Kinder aus akademischen Familien zukunftsorientiert und bereit sind, die Zeit strikter einzuteilen. So ein Ergebnis des EMNID-Institutes. Ich bezweifle dieses Resultat. Zu viele Faktoren spielen bei der Zeitgestaltung mit. Fest steht, dass längere Zeitplanungen heute nicht mehr möglich sind, da sich die wirtschaftlichen und sozialen Strukturen, auch der Berufsmarkt zu rasch verändern.

Freie Zeit

Wer keine Arbeit hat, müsste eigentlich viel Zeit haben. Wenn er aber keine Möglichkeiten oder keine Ideen hat, diese Zeit kreativ zu gestalten, verfällt er dem Müßiggang oder der Kauflust aus Langeweile. Dafür reicht aber das bisschen Arbeitslosenunterstützung nicht aus.

In Holland wurde mit Erfolg ein Projekt durchgeführt: Die Städte engagierten arbeitslose Männer und Frauen bei der Überwachung des ruhenden Verkehrs, bei der Säuberung der öffentlichen Parkanlagen und als Begleitpersonen für Frauen und Kinder, die am Abend sonst allein nach Haue gehen müssten. Hier hat der Staat eine wirklich gute Idee umgesetzt. Die Fähigkeit, mit der Zeit ökonomisch und kreativ umzugehen, lässt sich lernen, bedarf aber einiger Voraussetzungen. Wer nicht bereit ist, Verantwortung zu übernehmen, wer nie Zuverlässigkeit und Durchhaltevermögen geübt hat, schafft es nicht. Während meines Urlaubs fiel mir auf, dass im Nachbarzimmer meines Hotels die Kinder eines italienischen Ehepaares den ganzen Tag vor der Flimmerkiste saßen. Gegenüber dem Hotel befand sich eine Spielhalle, in der Jugendliche stundenlang vor den Monitoren saßen und mit virtuellen Gegnern kämpften, Flugzeuge abschossen, Krieg führten. Am Strand fanden täglich organisierte Fitnessprogramme statt, von Animateuren über Lautsprecher schonungslos eingehämmert. Eine auffallend große Zahl – so scheint es – tut sich schwer, Eigeninitiative zu entwickeln.

Die Angst, zu kurz zu kommen

Letztlich ist es stets die Angst, die uns der Muße beraubt. Wer glaubt, die Zeit laufe ihm weg, wird nervös und hektisch. Und dann läuft sie ihm wirklich weg. Aber wer sich zu viel Zeit lässt, erzeugt ebenfalls irgendwann Unruhe und Eile. Die Bibel spricht öfter vom richtigen Zeitpunkt, vom kairos. Das ist im Unterschied zur gegenwärtigen Uhrzeit (chronos) der Moment des rechtzeitigen Handelns. Ich muss fühlen, wann der Augenblick gekommen ist, etwas zu sagen oder zu tun. Ängstliche, die meinen, immer zu kurz zu kommen, oder Ungeduldige, denen alles zu lang wird, laufen Gefahr, diesen richtigen

Zeitpunkt zu verpassen. Sie sind voreilig oder schlafmützig. Auf der Hochzeit zu Kana erwähnt Jesus seiner Mutter gegenüber: »Ist meine Stunde nicht gekommen?« Und auf die Frage der Jünger, ob er nicht zum Fest nach Jerusalem komme, antwortet er: »Die Zeit ist noch nicht gekommen!« Aber schon wenige Minuten später wurde er beim Fest gesehen. Es kann also manchmal um Minuten gehen . . .

Eine rechte Zeiteinteilung gehört zur Psychohygiene. Ansonsten protestieren Körper und Seele. Wer zu kurz zu kommen meint, will vieles gleichzeitig. Er lebt nicht; er ist vielmehr Sklave seiner Wünsche. Zeit haben ist keine Frage der Zeit, sondern der Rangfolge meiner Werte. Ist mir der Nächste wichtig, habe ich plötzlich Zeit. Langweilt er mich oder hat er was gegen mich, ertappe ich mich dabei, auf einmal keine Zeit mehr für ihn zu haben.

Es kommt darauf an, seine Zeit zum Segen für alle werden zu lassen, sodass man wahrhaft sagen kann, man habe das Zeitliche gesegnet.

Was machen Sie aus Ihrem Namen?

Shakespeare wusste es: Der Name ist Schicksal. Man ist anderen ausgeliefert, selbst mit dem Vornamen. Was half es Mozart, dass er sein Leben lang mit Amadé unterschrieb? Unsterblich wurde er als Amadeus.

Goethe dachte anders. »Name ist Schall und Rauch«, lässt er seinen Faust sagen und widerspricht den alten Römern, für die »nomen est omen« galt, was soviel bedeutet wie: »Der Name hat Bedeutung.«

Ob Kosename . . .

Jeder weiß es aus eigener, oft bitterer Erfahrung, wie Klang, Bedeutung und Aussprache eines Namens prägen können. Da geben liebende Eltern ihrem Sprössling den Namen Moritz, ohne zu bedenken, welches Leid auf den Jungen zukommen wird. Die Assoziation mit seinem Kumpel Max drängt sich eben auf. Was kann Wilhelm Busch dafür? Da hilft es auch wenig, den hier zugrunde liegenden Mauritius anzurufen, dessen Name wiederum eine Verkleinerungsform vom lateinischen maurus = Mohr ist.

Schnell werden die Kameraden ihn »Möhrchen« nennen. Wir nannten einen Klassenkameraden »Öhrchen«, weil er abstehende Ohren hatte. »Öhrchen« klingt liebevoller als »Fledermaus«. Seine Mutter nannte ihn »Rolfi«. Das hätten wir nie gesagt. Es liegt auf der Hand bzw. auf der Zunge: Kosenamen sind geschützte, ganz persönliche Ausdrücke der Zuwendung. Ihr Merkmal ist oft die doppelte Verniedlichung: Hasiputzilein und Schatzileinchen mag nicht jeder hören; schon gar nicht, wenn andere anwesend sind. Drum rate ich zu ihrem dosierten und geschützten Gebrauch. Was meinen Sie, wie schnell das »starke Image« eines Mannes verfliegt, sobald ihm seine Frau über den Gasthaustresen zuruft: »Schei...erle, gib mir doch mal das Bier rüber!«

Ob Schimpfname . . .

Der Grat ist schmal: Rasch kann aus dem Kosenamen ein Spitz- und gar ein Schimpfname werden. »Zinken« hieß einer unserer Lehrer, weil er keine Nase, sondern einen Zinken im Gesicht hatte. Das hörte er nicht gern. Umso häufiger benutzten wir ihn – natürlich ganz und gar zufällig und nebenbei –, wenn wir ihn ärgern wollten. »Federhännesjen« hatte einen federnden Gang; er war klein von Gestalt, leicht an Gewicht. Dieser Spitzname ist Programm; er ist eine geniale Kurzbeschreibung seiner Persönlichkeit: beweglich, nachgiebig, nicht fixierbar. Aber er litt darunter. Ich selbst wurde später von meinen Schülern mit verschiedenen Namen belegt: Psycho-Müll, Dok, Langer. Wenn sie gut gelaunt waren, nannten sie mich »Dok«. Waren sie aber sehr gereizt, entglitt ihnen ein »Pfaffe«, nicht laut, aber verbissen leise. So etwas hat Ventilfunktion, etwas Befreiendes. Wenn man nicht an die Person herankommt, vergreift man sich an ihrem Namen. Denn wer den Namen kennt bzw. den Schwachpunkt des Menschen, hat Macht. »Ach wie gut, dass niemand weiß, dass ich Rumpelstilzchen heiß.« Schon die alten Römer belegten ihren kriminellen Kaiser Gaius Julius Caesar Germanicus mit dem Schimpfwort »Kommiss-Stiefelchen«, lateinisch »Caligula«.

Oder Künstlername . . .

Wer seinen Namen bzw. seine private Späre schützen möchte, legt sich einen Decknamen zu, ein Pseudonym (wörtl.: falscher Name). So handhaben es viele Autoren und Schauspieler. Eitelkeit mag mit im Spiel sein; vor allem, wenn der eigene Name zu simpel klingt. Weshalb gab sich der Alchimist Balsamo den Namen Alessandro Graf von Cagliostro? Klang ihm Balsamo zu sehr nach Balsam? Heute würde sich jeder mit einem langen Namen auf das Wesentliche besinnen: Greta Lovisa Gustafsson wurde als die göttliche Garbo bekannt; Mladew Sekulowich ist zu kompliziert, da klingt Karl Malden für unsere Ohren schon viel einträglicher. Gewiss können Namen so einfallslos und einsilbig sein, dass sie für das Showgeschäft wenig taugen. Therese Gift nannte sich Giehse, Ilse Charlotte Still fand sich für ihren quirligen und pfiffigen Job zu still und nannte sich Ilse Werner. Und Heinz Günther lieh sich den Mädchennamen seiner Mutter und wurde bekannt unter Konsalik. Gerd Höllerich aus Augsburg besann sich seiner schwarzen Haare und nannte sich Roy Black. Dann gibt es auch jene Leute, die gute Gründe haben, ihren schlechten Ruf zu tarnen und sich hinter Decknamen zu verstecken: Wer weiß schon, dass Illich Ramirez Sanchez der Terrorist Carlos ist? Jetzt wissen wir es. Und auch der Erpresser Dagobert ist enttarnt. Joseph Pehm war Primas von Ungarn und legte sich aus Protest gegen den Pro-Hitler-Kurs Ungarns einen neuen Namen zu. Vorlage war sein Geburtsort Csehimindszent. So kennen ihn alle als Joseph Kardinal Mindszenty.

Oder nur ein Missverständnis . . .

Viele europäische Einwanderer erhielten von den amerikanischen Behörden anstelle ihrer schwer auszusprechenden Namen neue. Ein Pole, der gerade seinen Namen buchstabieren wollte und »I will spell it« (Ich will es buchstabieren) sagte, hieß ab sofort Will Spelly. Ein Deutscher murmelte etwas grantig vor sich hin, er habe seinen Namen vergessen, und hieß von Stund an Ferguson.

»Ich heiße Blechnase«, sagte der junge Mann. »Wie bitte?«, fragte der Portier. »Blechnase«, wiederholte der Gast. »Es tut mir Leid«, erwiderte der Portier, »aber ich verstehe immer nur Blechnase.« So etwas kann peinlich sein. Oder auch komisch, wenn der Träger eines solchen Namens entsprechend humorvoll reagiert.

Es trifft immer den Kern der Persönlichkeit

Jeder möchte bei seinem Namen angesprochen werden. »Ich habe dich beim Namen gerufen, du bist mein«, sagt Gott bei Jesaja (43,1). Ein Lehrer, der seine Schüler nicht kennt, gerät schnell ins Schleudern. Wir wurden von manchen Lehrern einfach mit dem Familiennamen gerufen: »Müller, an die Tafel! Meier, holen Sie die Kreide!« Das empfanden wir als entwürdigend und unpersönlich. Andere siezten uns bei der Nennung unseres Vornamens. Wo ein besonders gutes Verhältnis bestand, durfte der Lehrer unsere Spitznamen bzw. Kosenamen nennen. Während meiner Lehrtätigkeit an der Schule benutzte ich die erste Unterrichtsstunde für die Vorstellung aller. Dabei sollten die Schüler mit der Namensnennung zugleich eine charakteristische Geste machen. Mit anderen Worten: Was macht der Einzelne aus seinem Namen? Wie präsentiert er ihn?

Timotheus Rank zum Beispiel stand auf, machte mit seinen Händen wellenartige Bewegungen und sagte betont langsam »Tii-moootheee-uuus«, dann deutete er mit kantigen Gesten einen Schrank an und sagte »Rank«. Damit gab er zu verstehen, dass er äußerlich zwar ein Schrank sei, aber innen voller Gefühle und Phantasien.

Michaela Wurzen hingegen stellte nüchtern fest, dass sie ihren Nachnamen nicht liebe. Sie sang das »Michaela« sehr melodiös, um dann das Un-Wort »Wurzen« schnell und mit gesenkten Augen abzutun. So gaben sie alle ihre Einstellung zum eigenen Namen preis, für die meisten der erste Anlass, darüber überhaupt nachzudenken. Ob ein Name abgehackt, melodisch, in zunehmender Lautstärke oder mit wechselndem Tonus gesprochen wird – es gibt die Stimmung wieder. Ein: »Tonilein, kommst du mal«, klingt versöhnlicher als ein: »Anton, komm mal!« Ein: »Peter, du alter Dösbattel, wie oft muss ich dir das noch sagen«, kommt verträglicher rüber als ein: »Kamel, das du bist!« Und weshalb? Weil der Vorname ausgesprochen wird. Er entspannt die geladene Atmosphäre. Namen treffen die Personmitte, relativieren die aggressive Stimmung, stellen Verbindung her.

Hallo, Sie da!

Wer hat nicht schon einmal so gesprochen? Was soll man denn auch sagen, wenn man den Namen der Bedienung nicht kennt? »Herr Ober« geht ja noch. Aber »Frau Oberin«?

Wie reagieren Sie, wenn hinter Ihnen jemand auf der Straße nach Ihnen pfeift? Meint er überhaupt mich? Weshalb sollte er mich meinen? Und überhaupt: Ich pfeif aufs Pfeifen. Unverschämte Anmache! »Hallo, Sie da! Sie haben Ihren Mantel vergessen!« Da haben es die Franzosen und Engländer besser. Ihr Monsieur und Madame, ihr Mylady und Milord sind geradezu einladend. »Entschuldigen Sie bitte, meine Dame, Sie stehen auf meinem Fuß.« – »O Pardon, mein Herr, aber deshalb bin ich noch lange nicht Ihre Dame.« Mein Gott, wer wird denn gleich so prüde sein? Wir Deutsche haben es schwer miteinander. Oder sollten wir nicht doch ein Namensschildchen am Revers tragen?

Das Schlimmste ist der Rufmord

Wir legen Wert darauf, einen guten Namen zu haben. »Der Name bürgt für Qualität«, sagt man. Und ein schlechter Ruf hält sich zäh, lässt sich nur schwer ändern. So sind Verleumdungen, falsche Nachrede und Rufschädigungen bittere Vorkommnisse in unserem Leben. »Und ist der Ruf mal ruiniert, dann lebst du eher deprimiert und keineswegs so ungeniert«, ist meine persönliche Meinung.

Einer, der seinen Nachbarn schlecht machte vor den Leuten und Falschmeldungen über ihn verbreitete, wollte seine Verfehlung wieder gutmachen. Der Pfarrer trug ihm auf, die verleumderischen Reden auf ein Papier zu schreiben, das Papier in unzählige kleine Fetzen zu zerreißen und alle Papierschnitzel vom höchsten Turm der Stadt zu werfen. Drei Tage später wurde ihm aufgetragen, alle Papierschnitzel wieder einzusammeln, was natürlich unmöglich war. »Sehen Sie«, sagte der Pfarrer zu ihm, »ebenso geht es mit den Verleumdungen. Sie sind in alle Winde zerstreut und nicht mehr rückgängig zu machen.«

Rufmord ist ein Mord auf Raten. Da muss einer schon sehr stabil und selbstbewusst sein, will er solche Attacken überstehen. Meist bleibt der Täter unbekannt. Dahinter mag Rache stecken, Neid, Habsucht, Eifersucht, Missgunst, Hass. Und natürlich auch Selbsthass. Wer seinen Gegner namentlich kennt, soll mit ihm unter vier Augen sprechen und die Verhältnisse klären. Im Notfall kann juristisch vorgegangen werden. Aber alle juristischen Schritte vermögen den seelischen Schaden und existentiellen Ruin nicht wieder gutzumachen.

Den Namen Gottes ehren

Gelegentlich bekommt man deftige Flüche zu hören, in denen der Name Gottes verunglimpft wird. Dagegen nimmt sich ein »Jesses« (Jesus) oder ein »Herrgottschaften« noch harmlos aus. Es sind Gedankenlosigkeiten, impulsive Erregungen, aber immerhin eine Projektion der Wut auf Gott. Der Name Gottes muss erschreckend oft herhalten, wenn Menschen ihrem Ärger Luft machen wollen. Es gibt sogar Autofahrer, die einen bekannten bayerischen Fluch auf die Heckscheibe ihres Wagens kleben . . . – Alles, was dem Christen lieb und teuer ist, wird hier beschimpft. Da frage ich mich, wie so einer zu seinem eigenen Namen steht und ob er eigentlich weiß, wie sehr er sich selber entwürdigt. Schließlich fällt so etwas auf die ganze Familie zurück. Wer den Namen Gottes heiligt, wird kaum seinen eigenen Namen verunglimpfen. Übrigens: Gott wohnt in München und heißt Anja (laut Telefonbuch).

Probleme mit der Autorität?

Wir leben in einer »vaterlosen Gesellschaft«, stellte der bekannte Psychoanalytiker Alexander Mitscherlich fest. »Wir leben in einer gottlosen Gesellschaft«, meint die Pädagogin Christa Meves. Ob nicht das eine das andere bedingt? Es fällt auf, dass wir uns schwer tun mit Verbindlichkeiten und Unterordnung, mit Obrigkeiten und Autoritäten. Alles wird in Frage gestellt; verpflichteter Gehorsam wird schnell als ein Akt der Entmündigung empfunden. Gleichzeitig wächst die Zahl derer, die sich unterwürfig um einen Meister, um einen Guru, um eine Vaterfigur scharen. Doch meistens entpuppen sich diese Führer als Verführer.

Es wird mehr Unrecht getan im Gehorsam als in Rebellion
Tatsächlich lehrt uns die Geschichte, dass blinder Gehorsam sowie die unkritische Verehrung einer Autorität immer wieder zu Menschenrechtsverletzungen geführt hat. Das Beispiel des Dritten Reiches liegt uns noch arg in den Knochen.

Der amerikanische Psychologe Stanley Milgram hat 1960 an der Universität in Connecticut ein Experiment durchgeführt, dessen Ergebnis die Fachwelt erschüttert hat. Er wollte herausfinden, unter welchen Bedingungen ein Mensch mit zunehmender Härte gegen einen anderen vorgeht, wenn ihm dies von einem Vorgesetzten befohlen wird. Das »Opfer« (ein Mitarbeiter des Instituts) musste vom »Täter« (ein Student) immer dann mit zunehmend stärkeren Elektroschlägen bestraft werden, wenn das Opfer seine Hausaufgaben nicht gemacht hatte. Die Aufgabe bestand im Auswendiglernen von sinnlosen Worthülsen. Die Elektrostöße lagen zwischen 15 und 450 Volt. Was der Student nicht wusste: Das »Opfer« war gar nicht an das E-Gerät angeschlossen; es simulierte den Anfall lediglich. 62% aller Studenten drückten gehorsam den Hebel bis zu 450 Volt, wenn der Versuchsleiter dies wünschte. Dabei spielte das

Geschlecht der »Täter« keine Rolle. War der »Täter« nur Befehlsübermittler, nicht Ausführender, ergab sich eine fast 100%ige Gehorsamsbefolgung. Nun mag man einwenden, dass dieser Versuch vor fast 40 Jahren gemacht wurde. Heute würde das Resultat anders ausfallen: Es gäbe mehr Verweigerer aus Gewissensgründen. Leider aber stimmt es nicht, wie neue Untersuchungen ähnlicher Art herausgefunden haben.

Unterordnung als Überlebensstrategie

Jede gute Erziehung geht aus von der Anerkennung der Eigenpersönlichkeit des Kindes. Diese Achtung erfordert, dass wir uns immer wieder neu auf die körperliche, geistige und seelische Situation des Heranwachsenden einlassen. Unangemessene Forderungen, leere Drohungen, Bestrafungen durch Liebesentzug und angstbesetztes Reden, Schläge und Demütigungen führen zu den verschiedenen Verhaltensauffälligkeiten oder -störungen. Wenn das Kind keine Möglichkeiten der Verteidigung hat, wenn die Würde seiner Person immer wieder gekränkt wird, kann es zu schweren depressiven Symptomen kommen. Wird sein braves Verhalten belohnt, Gehorsamsverweigerung hingegen schwer bestraft, entwickelt dieses Kind einen Kadavergehorsam, der lediglich aus der Angst vor dem Erzieher gespeist wird, keineswegs aus der eigenen Überzeugung. So verwundert es auch nicht, dass die Gehorsamen kaum bereit sind, die Eigenverantwortung für ihr Tun zu übernehmen. Sie sagen: »Das ist Vorschrift« – »Ich bin nur ausführendes Organ« oder »Ich habe nur zu gehorchen«. Hingegen sind 100% der Ungehorsamen bereit, ihre Verweigerung auf die eigene Kappe zu nehmen. Gehorsam gegenüber Autoritäten wird erlernt, indem Furcht vor mächtigen Personen entwickelt wird. Hier wird die Anpassung zur Überlebensstrategie.

Trotz und Verweigerung müssen erlaubt sein

Trotzphasen sind Lernphasen. Das Kind muss eigene Grenzen und Fähigkeiten kennen lernen, soziale und geistige Kompetenzen erringen, sich durchsetzen können. Wo das nicht erlaubt wird, entstehen Störungen. Paulus schreibt: »Ihr Väter, reizt die Kinder nicht zum Zorn« (Eph 6,4). Diese Empfehlung möchte ich all denen ans Herz legen, die das vierte Gebot: »Du sollst Vater und Mutter ehren« überstrapazieren. Das Verhalten Jesu war alles andere als angepasst. Er stellte sich den Auseinandersetzungen, provozierte bisweilen, rebellierte gegen Verletzungen der Menschenrechte.

Auch heute müssen wir entschieden deutlicher auftreten gegen ein fragwürdiges Gesetzes-Denken, das zur Unbarmherzigkeit führt. So ist das Kirchenasyl für zu Unrecht Abgeschobene ein wichtiges Mittel des Protestes mündiger Christen. Immerhin erhielten bisher 70% aller Kirchenasylanten in einem neuen Verfahren ihre Aufenthaltsgenehmigung. Ein Staat, der sich nicht infrage stellen lassen will, der solchen Ungehorsam nicht aushalten kann, wäre nicht überlebensfähig.

Gehorsam und Widerspruch – alles zu seiner Zeit

Der ausgeglichene Mensch weiß, wann er sich zu fügen hat und wann nicht. Skepsis ist überall dort angebracht, wo nicht hinterfragte Gehorsamspflicht gefordert wird. »Du hast das zu tun, weil ich das sage«, ist eine Phrase, die auch ein Kind zum Widerspruch reizt. Hier wird nicht begründet, sondern auf eine fragwürdige Autorität gepocht. Einsichtige Begründungen sowie partnerschaftliches Verhalten fördern den Gehorsam. Der gesunde Menschenverstand war von jeher klüger als manche Gesetzgebung und er wusste, wie im Einzelfall vorzugehen war. Die Regel der Epikie ist heute allenfalls noch im privaten moralischen Bereich möglich, nicht aber im Bereich der öffentlichen Paragraphen. Auch der handelt richtig, der in bestimmten Fällen ein Gebot oder eine Anweisung verantwortlich übersieht. Wo eine solche Entscheidung dem mündigen Bürger nicht zugestanden wird, entsteht Unmut und Verdruss. Jeder weiß um diese Möglichkeit, wenn es z.B. darum geht, eine rote Fußgängerampel zu ignorieren, weil weit und breit kein Auto in Sicht ist. (Es sollten aber auch keine Kinder in Sicht sein, da sie dieses Tun noch nicht richtig einschätzen können.) Solche freien Entscheidungen hängen stets ab von der moralischen Freiheit des Einzelnen. Man spricht vom Über-Ich, jener Instanz, die sich aus dem elterlichen Verhaltenskodex entwickelt hat. Ein zu strenges Über-Ich hält sich stets an die Vorschriften, denkt und handelt gesetzlich. Hier spielt die Angst vor der Bestrafung, aber auch die Angst vor dem Verlust der menschlichen Zuwendung eine Rolle. Nicht wenige haben Angst vor dem strafenden Gott und suchen im gesetzlichen Handeln Sicherheit und Geborgenheit. Sie ist ihnen wichtiger als Eigenverantwortung, die immerhin das Risiko eingeht, Fehler zu machen.

Die echte Autorität verhilft zur Mündigkeit

Wochenlang lag der große Meister im Koma. Eines Tages öffnete er die Augen und sein Blickt fiel auf seinen Lieblingsschüler. »Du verlässt nie den Platz neben meinem Bett, nicht wahr«, sagte er sanft. »Nein, Meister, ich kann nicht.« – »Warum?« – »Weil ihr das Licht meines Lebens seid.« Der Meister seufzte. »Habe ich dich so geblendet, dass du dich immer noch weigerst, das Licht in *dir* zu sehen?« Es geht nicht darum, Vorschriften oder Vorgesetzte abzuschaffen. Das würde zur Orientierungslosigkeit führen, wohl auch zur Anarchie. Es geht darum, Grenzen und Einschränkungen, Gefahren und Folgen der grenzenlosen Überschreitung einsichtig zu machen. Mindestens in Geduld und Liebe darauf hinzuweisen. Mündigkeit vermag nicht nur in eigener Verantwortung zu rebellieren, sie vermag auch im Hinblick auf die Kompetenz anderer vorgegebene Grenzen zu akzeptieren. Diese Kompetenz muss erworben werden. Nicht jeder Vorgesetzte ist zugleich auch eine Autorität; das muss er erst beweisen durch seine Fähigkeit hinzuhören. Auch er muss gehorsam sein. Wer nur befiehlt und bestraft, *ist* keine Autorität. Er *hat* sie lediglich.

Ein Staat, der jeden Autofahrer rigoros bestraft, weil er auf einer wunderschönen, geraden, ausgebauten Rennstrecke mit 140 »Sachen« drauf losfährt, obgleich aus unerfindlichen Gründen nur 100 erlaubt sind, erntet Missmut. Die Situation wäre für beide Seiten erfreulicher, wenn die Tempobegrenzung per Hinweisschild begründet wäre: »Achtung! Bitte haben Sie Verständnis, wenn Sie hier nur 100 km/h fahren dürfen. Hier herrscht starker Seitenwind.« Eine Autorität muss glaubhaft sein, indem sie selber das tut, was sie von anderen will, das begründet, was sie fordert.

Eltern und Lehrer, die auch auf die Argumente der Kinder und Jugendlichen hören, die deren Kritik und Wünsche ernst nehmen, die schließlich eigene Fehler zugeben und sich entschuldigen können, stellen Vertrauen her. Ihnen wird gern geglaubt; ihnen ordnet man sich auch unter.

Aufsässigkeit als Zeichen mangelnder Demut

Nicht immer ist Rebellion und verweigerter Gehorsam biblisch zu begründen. Allein das Gewissen und der Gehorsam Gott gegenüber rechtfertigen den Ungehorsam Menschen gegenüber. Immer wieder gab und gibt es Leute, die im Alleingang oder in Gruppen die notwendige Unterordnung ablehnen. Da mögen Verletzungen vorliegen, unverarbeitete Konflikte aus dem Elternhaus, erfahrenes Unrecht durch kirchliche oder staatliche Vorgesetzte. Aber auch das müssen wir sehen: den wachsenden Hochmut in unserer Zeit. Vor einigen Tagen sagte mir die russische Philosophin und orthodoxe Christin Tatjana Goritschewa: »In Deutschland stoße ich immer wieder auf mangelnde Ehrfurcht vor den religiösen Dingen und auf Hochmut.« Wahre Freiheit will nicht grenzenlos sein; sie kann sich sehr wohl einfügen und staatlicher, elterlicher oder kirchlicher Obrigkeit unterstellen. So hat es Paulus gewollt, ohne die Freiheit des persönlichen Gewissens anzutasten.

Reine Rebellion nach Art des Michael Kohlhaas lässt sich noch begreifen, wenngleich sie den Boden der Fairness längst verloren hat. Doch will mancher die Stelle Gottes einnehmen, Macht um ihrer selbst willen ausüben.

Mir kommt es vor, dass manchmal im Deckmantel emanzipatorischer Bestrebungen hochmütige Ziele verfolgt werden. Die Etiketten stimmen nicht mehr: Wer sich mit Begriffen wie Gleichberechtigung, Freiheit, Eigenverantwortung oder Volksbegehren schmückt, muss sich nach dem tatsächlichen Motiv fragen lassen. Zu oft verbirgt sich reine Rebellion dahinter. Es handelt sich um die biblische Ursünde, die sich den Vorschriften und vorgegebenen Instanzen entziehen will. Gott lässt solchen Hochmut nicht ungestraft: Die Erniedrigten erhebt er, die Stolzen stürzt er herab.

Es geht nicht um Liebedienerei
Die Bibel kennt beides: Gehorsam und Verweigerung. Allein das Gewissen, das sich die Gebote Gottes zu Eigen macht, vermag darüber zu entscheiden. Wo aber das Bewusstsein um die Wünsche Gottes abhanden kommt, kommt der Mensch ins Schleudern. Da rutscht ihm auch das früher vorhandene Schuldbewusstsein weg. Wir sind Gott alles schuldig. Doch müssen wir deshalb nicht mit Minderwertigkeitsgefühlen und einem überwertigen Sündenbewusstsein herumlaufen. Johannes der Täufer wies dem Herodes die Stirn; Katharina von Siena ermahnte den Papst; Thomas Morus verweigerte den Gehorsam seinem König gegenüber.

Andererseits fügten sich viele Personen aus Gründen der Demut und Gottesliebe. Verweigerung oder nicht: Entscheidend ist, dass man sie überzeugend darlegen kann. Wer widerspricht, ist nicht gefährlich; gefährlich ist, wer zu feige ist zu widersprechen.

Bin ich glaubwürdig?

Wer authentisch lebt, also sich selber und seinem Gewissen treu bleibt, ist glaubwürdig. Gewiss kann einer schauspielern und so tun als ob. Tut er dies ein Leben lang, wird ihm diese Maske zur zweiten Haut. Doch die erste Haut wird gegen ein derartiges Doppelrollenspiel protestieren; sie bekommt vielleicht Ausschläge oder rote Flecken. Denn die ehrliche Haut, die wir zu Markte tragen, kann nicht lügen. Geheime Vorbehalte treten immer wieder zutage und können sich auch in sogenannten Fehlleistungen offenbaren: im Versprechen, Vergessen, Verschreiben. Es gilt die kluge Empfehlung, nicht alles zu sagen, was man denkt, aber alles zu tun, was man sagt. Unglaubwürdigkeit schlägt sich organisch nieder. Wer seine wahre Meinung stets hinter dem Berg hält, muss mit Gefäßverengungen und allerlei Funktionsstörungen rechnen. Sein übertriebenes Harmoniebedürfnis, das dem Ärger keine

Luft machen will und seine Wut nicht hochschießen lässt, kann zu Atemblockaden und zum Bluthochdruck führen. Wer die Wahrheit ständig verdrängt, wird Unfriede verspüren, gereizt sein und eine seelische Verstopfung erleiden, die durchaus auch eine körperliche sein kann. Und außerdem: Wer lügt, muss ein gutes Gedächtnis haben; er wird sich sonst eines Tages verplappern und das bisschen Glaubwürdigkeit, was er noch zu retten meinte, ist vollends dahin.

Geht es immer ohne Lüge?

Nein. Glaubwürdigkeit muss keineswegs Wahrheit um jeden Preis bedeuten. Über der Wahrheit steht die Tugend der Klugheit. Manchmal muss ich die Wahrheit verschweigen oder nur halb sagen oder sogar lügen, wenn es gilt, ein Menschenleben zu retten oder die Würde eines Menschen zu schützen. Das ist nicht Doppelzüngigkeit oder Diplomatie, sondern schlichtweg Notwendigkeit. Daher darf man auch nicht jede Frage stellen. Ein Lehrer sollte niemals den Dieter fragen, ob der Michael bei ihm abgeschrieben hat. Denn die Wahrheit darf nicht zum Verrat führen. Wer in dieser Situation lügt, ist deshalb nicht unglaubwürdig. Wo immer aber eine verschwiegene Wahrheit oder eine Lüge zum Schaden führt, ist sie abzulehnen, auch dort, wo Feigheit Anlass zur Lüge ist. Ebenso sollten Eltern ihre Kinder niemals fragen, wen sie denn lieber hätten, den Papa oder die Mama. Mit dieser Frage bringen sie das Kind in Verlegenheit oder nötigen es zu einer Schutzbehauptung, die Gewissensbisse und Schuldgefühle nach sich ziehen kann. Auch die diplomatische Antwort, beide Elternteile gleichermaßen zu mögen, kann Lüge sein. Laut Statistik lügt der Mensch täglich mehrmals. Nach seinem Befinden befragt, antwortet er: »danke, gut«, obgleich es ihm schlecht geht; nach der Qualität des Essens befragt, sagt er zum Kellner: »danke, gut«, obwohl es gar nicht schmeckte; die Zusage, einen Antrag »wohlwollend zu prüfen«, entpuppt sich eher als eine maskierte Freundlichkeit, die den Antrag endgültig zu den Akten legt. Wären wir in allen Situationen grundehrlich, käme es zu erheblichen Missstimmungen; denn Wahrheit um jeden Preis kann auch belasten.

Doppelte Moral ist abzulehnen

Therese von Lisieux sagte einmal: »Niemand möge zu mir kommen, der die volle Wahrheit nicht verträgt. Ich lege es nicht darauf an, mich beliebt zu machen.« Das sind mutige Worte. Aus Angst vor Sympathieverlust neigen wir dazu, den Menschen nach ihrem Mund oder, besser gesagt, nach ihrem Ohr zu reden. Hinter ihrem Rücken sprechen wir oft anders und geraten dann in Schwierigkeiten, wenn wir zur Rede gestellt werden. Nichts ist so verwerflich und unsozial, als wenn einer den Vorgesetzten überall schlecht macht, ihm aber schöne Augen macht, sobald er etwas von ihm haben möchte. Ein solcher Mensch ist unglaubwürdig; er steht nicht zu dem, was er sagt oder tut. Leider finden wir diese Haltung auch innerhalb kirchlicher Gremien und Institutionen vor. Die Angst vor dem Gesichtsverlust im Fall der Wahrheitsfindung lässt viele zu Masken greifen.

Und manche haben sich mehrere Masken aufgelegt, damit sie auf keinen Fall in ihrem wahren Wesen erkannt werden. Unter ihnen finden sich viele Moralisten, die selbst nicht das leben, wozu sie auffordern, und selber »aua« schreien, während sie anderen auf die Füße treten.

Das leben, was wir lehren

Als Kind habe ich mich immer gefragt, wieso die Erwachsenen sagen können: »Das darfst du jetzt noch nicht; erst wenn du erwachsen bist, darfst du das!« Wieso dürfen Erwachsene schlagfertige Antworten auf unverschämte Bemerkungen geben, was den Kindern als Frechheit ausgelegt wird? Wieso dürfen sie moralisch fragwürdige Lektüre lesen? Wieso dürfen sie in pornographische Filme gehen oder sich am Telefon dauernd verleugnen lassen? Sind Erwachsene gegen die Unmoral eher gefeit als Kinder? Können sie die darin versteckte Verlogenheit und Unmoral rascher durchschauen und schadlos hinnehmen? Mir wurde sehr bald klar, wie unglaubwürdig eine Gesellschaft ist, die für den »Erwachsenen« die Unmoral beansprucht mit dem Hinweis auf die größere Freiheit. Aber ein Sünder, der sich ansonsten redlich bemüht, verliert seine Glaubwürdigkeit keineswegs, wenn er um Vergebung bittet und zu seiner Verfehlung steht. Wehe ihm aber, wenn er alles vertuschen will und so tut als ob.

Wer ist glaubwürdig?

Wer den Mut hat, persönliche Nachteile in Kauf zu nehmen, weil er ehrlich ist, darf als glaubwürdig gelten. Wer transparent lebt, d.h. durchschaubar ist, und auch zu seinen Fehlern stehen kann, gewinnt Kompetenz und Autorität. Diese Autorität ist viel wertvoller als die amtlich beglaubigte Autorität, weil sie im Wesen und in der Ausstrahlung des Menschen begründet liegt, nicht in seinem Amt. Jesus lebte stets das, was er lehrte. Er gab dafür sein Leben hin. Das machte ihn glaubwürdig, sogar vor seinen Feinden. Wer als »Fuchs« bezeichnet wird, muss auf diesen Titel nicht unbedingt stolz sein, da er kaum auf die Glaubwürdigkeit hinzielt; denn »alte Füchse« sind eher Inbegriff einer doppelten Moral, einer Schlauheit, die es mit der Ehrlichkeit nicht genau nimmt. Herodes wird von Jesus »Fuchs« genannt; dies war bestimmt kein Ehrentitel. Wer es nicht darauf anlegt, anderen Angst zu machen, wer niemanden hereinlegen will, sondern jeden in partnerschaftlicher Weise ernst nimmt und ein offenes Ohr hat, wird als glaubwürdig und echt empfunden. In der Psychotherapie und Seelsorge erwarten die Heilungssuchenden mit Recht ein hohes Maß an Glaubwürdigkeit. So sind die drei wichtigen Tugenden des Therapeuten: Echtheit (Sagt er, was er meint?), Kongruenz (Lebt er, was er sagt?) und Empathie (Fühlt er, was der andere empfindet?). Wer diese Eigenschaften zeigt, gewinnt Vertrauen. Während man vom Arzt mindestens Fachkompetenz verlangt, ohne auf seine Privatmoral zu schauen, erwartet man von einem Priester mehr: Dieser sollte unbescholten sein und vorleben, was er verkündet. Hier ist die Integrität wichtiger Maßstab für seine Glaubwürdigkeit. Viele Menschen sind bereit, einen Arzt aufzusuchen, der in seinem Fach gut ist, auch wenn er permanent die Ehe bricht oder seine Frau prügelt; aber kaum einer ist bereit, sich einem Priester anzuvertrauen, der sich der Lüge bedient, kaum noch betet oder die Gottessohnschaft Jesu leugnet.

Seid klug wie die Schlangen
Nun muss Glaubwürdigkeit nicht mit Naivität oder mit brutaler Offenheit einhergehen; denn Jesus empfiehlt auch, arglos zu sein wie die Tauben. Es fällt auf, dass Jesus den ungerechten Verwalter wegen seiner Klugheit lobt; dieser trifft Vorsorge für sein Alter auf Kosten seines Arbeitgebers, der von seinen Schuldnern Wucherzinsen verlangt. Jesus rechtfertigt mit dem Lob keineswegs dessen finanzielles Gebaren; er anerkennt die Klugheit der Vorsorge, die darin besteht, sich Freunde noch vor dem Alter zu machen. Um ein kluges Vorsorgen geht es auch im Gleichnis von den törichten und klugen Jungfrauen. Dieses Gebot der Vorsorge steht nicht im Widerspruch zum Gottvertrauen, das ein ängstliches Absichern unnötig macht. Hier gilt es, von Fall zu Fall immer wieder neu zu unter- und zu entscheiden. Kluges Handeln, schlagfertige Antworten, verschlüsseltes Reden (Gleichnisse, Aphorismen, Bilder) stehen nicht im Widerspruch zur Glaubwürdigkeit, wenn sie nicht verletzen. Sie können den Alltag und die zwischenmenschlichen Beziehungen würzen. Was immer aus Liebe und Unbefangenheit geschieht, ist gut. Wer so authentisch lebt, lebt gesünder.

Seine Grenzen annehmen

Immer mehr Menschen wollen sich nicht mehr mit ihren Grenzen zufrieden geben. Dort, wo die genetischen Vorgaben Grenzen setzen, bleibt aber nur ihre bescheidene Annahme. Schönheitsoperationen, Babys aus der Retorte, genetische Manipulationen, Gebrauch von Anabolika – dies alles sind Versuche, mehr zu wollen, als die Natur erlaubt. Auf der Suche nach dem Glück sind viele auch bereit, im teuren Cabrio mit 200 km durch die innere Leere zu rasen. Den Deutschen geht es, Umfragen zufolge, gut. Aber sie sind nicht zufrieden. Offenbar kann man nicht erwarten, dass es den Leuten gut geht und sie dann auch noch zufrieden sind.

Sich den Problemen stellen

Diese Einstellung birgt Chancen. Wir lernen vieles nur durch Versuch und Irrtum. Und jeder hat ein Recht auf Fehler. Ich kenne Leute, die in allen neuen Anforderungen ein kaum zu bewältigendes Problem sehen; andere hingegen wittern in ihnen echte Herausforderungen, denen sie sich mutig stellen. Innovation heißt das Schlagwort. Gemeint ist der kreative und originelle Schritt nach vorn, das Wagnis zum Neuen, inklusive Reinfall. Natürlich müssen vorher die Chancen und Risiken kalkuliert werden. Wer nie etwas wagen durfte, wer seine Irrtümer schwer büßen musste, wer nicht genügend Optimismus sein Eigen nennt, wird sich kaum weit aus dem Fenster lehnen. Umgekehrt besteht die Gefahr einer Selbstüberschätzung, wenn jemand nur noch in Erfolgen schwelgt und sich einbildet, dies alles sei einzig und allein sein persönlicher Verdienst. Dann ist es gut, wenn Gott Misserfolge zulässt, weil sie diesen Menschen wieder auf den Boden der Tatsachen zurückholen.

Manche träumen von einem Leben in Fülle und vergleichen sich mit Menschen, die glücklicher sind als sie selber. Das ist unklug; denn Glück ist nicht immer, das zu bekommen, was ich will, sondern das zu wollen, was ich bekomme. Und nicht wenige schulden ihren Träumen noch Leben.

Ich bin der Größte

Sie kennen das Cassius-Clay-Syndrom? Jener Muhammad Ali, der sich selbst zum größten Boxer aller Zeiten ernannte, ist denn auch prompt auf die Nase gefallen. Es ist gleichermaßen gefährlich, seine Grenzen zu unter- wie zu überschätzen. Dass solche Angeber tief liegende Ängste vor dem Versagen haben, ist unschwer zu erraten. Tatsächlich kann das Gefühl von Minderwertigkeit zum Gegenteil ausarten, sozusagen als kompensatorisches (ausgleichendes) Ventil. Da kommt ein junger Mann hereinspaziert und plustert sich auf wie ein Pfau in der Balz-Zeit. Prahlerisch spricht er von seinen Erfolgen und lässt mehr oder weniger geschickt im Nebensatz so ganz beifällig durchblicken, dass er ein Segelboot an der Riviera besitzt und »eine bescheidene Villa mit Swimmingpool an der Algarve«. Warum tut er so potent? An seiner Seite hängt eine blonde Schöne, die er – wetten, dass – nächste Woche gegen eine Brünette austauschen wird. So poliert er sein schwaches Selbstwertgefühl auf. Offenkundig sind ihm seine tatsächlichen Werte und Fähigkeiten zu gering oder unbekannt. Diesem Mann rufe ich zu: »Mach dich nicht so groß. So klein bist du doch gar nicht!« Solchen Menschen kann nur geholfen werden, wenn wir ihnen die wahren Begabungen und Vorzüge vor Augen halten.

Ich habe meine Grenzen erreicht

Das moderne Wort für Erschöpfung heißt »burn out«, ausgebrannt. Immer mehr Menschen fühlen sich verausgabt, ausgepumpt, leer. Dauert dieser Zustand länger als ein Jahr, kann man von einer Depression sprechen. Wer seine Grenzen akzeptiert, wird nicht krank, nur wer sie zu überschreiten versucht, ist gefährdet. Und ernsthaft gefährdet sind hier vor allem Selbstständige, Menschen in leitenden und höheren Positionen, in helfenden Berufen und solche, die zur Gefälligkeit und zum Perfektionismus neigen. Viele haben einst mit großem Eifer und Idealismus ihren Beruf begonnen. Doch schlechte Ausstattung der Räume, mangelhafte Technik und Telekommunikation, unzureichende Beleuchtung, Belüftung und geringe Entfaltungsmöglichkeiten lassen irgendwann den besten Willen ersterben. Kommt dann noch mangelnde Anerkennung und ein nach unten dünner werdender Informationsfluss hinzu, steigt das Burn-out-Risiko.

Gerade für sozial engagierte Leute, die helfend und heilend auf andere einwirken wollen, kann der Frust durch die Kluft zwischen Anspruch und Wirklichkeit sehr groß werden und zu psychosomatischen Störungen führen. Jeder hat die Wahl: Er kann in einem Meer von Schmerz und Misserfolg ertrinken oder lernen, darin zu schwimmen.

Die Pflicht, nein zu sagen

Das fällt all jenen schwer, die höchste Kompetenzerwartungen an sich selbst hegen. Manchmal verbirgt sich hinter der Aufopferung und Arbeitswut ein ganzes Arsenal unbewusst verdrängter Aggressionen gegen sich selbst oder gegen diejenigen, die ich so super-freundlich behandle. Umkehrung nennt man das. Sie ist zwar in christlicher Sicht sehr attraktiv, aber auf Dauer selbstschädigend. Gewiss kann es einem ein gutes Gefühl geben, ständig gefordert zu sein. Doch hat uns Jesus auch vorgelebt, dass wir nein sagen dürfen. Wir müssen auch für uns selbst da sein können: Zeit haben für Kontaktpflege, für Hobbys und Freunde, für Muße und Freizeit. Manchmal können uns Krankheiten oder Behinderungen, spätestens aber die Gebrechen des Alters unfreiwillige Grenzen setzen. Das steht jedem ins Haus. Wer oft genug nein sagt und den Mut hat, Erwartungen zu reduzieren, kommt besser weg, zumindest in gesundheitlicher Hinsicht. Allerdings muss er auch selber das wollen, was er tut oder nicht tut.

Fluchtwege

Nach zehn Jahren therapeutischer und schulpädagogischer Tätigkeit war ich drauf und dran, die Flinte ins Korn zu werfen und auszusteigen. Damals gab es einen Trend, aus der Leistungsgesellschaft auszusteigen und sich irgendwo auf eine Insel alternativ zurückzuziehen. Mich hat dieser Bazillus auch erwischt. Ich wollte was anderes machen und begann in Tunesien eine T-Shirt-Fabrik zu bauen. Widrige Umstände belehrten mich dann eines Besseren. Ich stoppte das Projekt und setzte meinen Beruf unter etwas anderen Vorzeichen fort. Wer keinen Ausweg aus dem Stress-Dilemma sieht, greift vielleicht zur Flasche und wird so buchstäblich zum »armen Schlucker«. Die Suche nach Erfüllung wird zur Sucht nach der Füllung. Der vermeintliche Ausweg wird zur Sackgasse.

Illusionen müssen zerstört werden

Gefährlich sind sie, die Illusionen von der heilen Welt, vom grenzenlosen Glück und von der Machbarkeit ewiger Harmonie. Wir müssen erkennen, dass wir nicht alles machen und erreichen können. Weil sich aber viele auf diesen Gedanken fixiert haben, fallen sie nur zu gern auf die falschen Glücksbringer und Heilspropheten herein. Das Geschäft mit der Sucht floriert, und daran verdient allein der Anbieter. Wer seine psychischen oder physischen, seine geistigen oder finanziellen

Grenzen nicht wahrhaben will, läuft Gefahr, sich zu verausgaben. Vernünftige Selbsteinschätzung, gepaart mit einer Brise Bescheidenheit, tut uns allen gut. Visionen von einer heilen und glücklichen Welt dürfen wir haben; sie gehen in Erfüllung mit dem zweiten Kommen Jesu. Sie in eigener Regie und aus eigener Kraft auf Erden zu schaffen ist illusionär. Illusionen aber müssen zerstört werden.

Die Religion der Grenzerweiterung

Wo die menschlichen Grenzen nicht mehr akzeptiert werden und der Drang nach einem Mehr durchbricht, wächst die Versuchung zur Bewusstseinserweiterung und Höherentwicklung. Im sportlichen Bereich bedient man sich illegaler Doping-Methoden; im geistigen Bereich ist die Versuchung groß, mittels fragwürdiger Meditationstechniken, Drogen oder magischer Rituale sein Bewusstsein zu erweitern. Der Self-Service-Laden der Esoterik ist gut sortiert und bietet für jeden Überläufer Rezepte zur »Einweihung in die höheren Grade des Bewusstseins«.

So mancher ist dabei auf der Strecke geblieben, finanziell und seelisch. Am Ende blieb ihm die Erkenntnis, dass das Christentum nicht nur preisgünstiger ist, sondern auch seriöser. »Selbst wenn ein Engel des Lichts käme und eine andere Botschaft verkündete als die von Jesus Christus, so glaubt es ihm nicht«, warnt Paulus. Er selbst spürte seine Grenzen schmerzlich; doch Gott ließ ihn wissen: »In deiner Schwachheit erweise ich mich stark!« Im Klartext: Vertraue mir und setze alle deine Fähigkeiten ein; den Rest übernehme ich.

Wenn Beten zur Flucht wird

Auch Christen sind versucht, ihre Grenzen nicht wahrhaben zu wollen. Wo Tatkraft und täglicher Neuanfang im Bemühen um Heiligkeit gefordert sind, kann sich schnell Resignation einstellen, die bei Frommen zum Betteln wird. Sie flüchten ins Gebet und bitten Gott, er möge nun das tun, was sie eigentlich selber tun müssten, oder ihnen übermenschliche Kräfte verleihen zur Ausübung ihrer vermeintlichen Pflichten. Gott wird zum Zampano. Doch die Erfahrung zeigt, dass er solche Bitten kaum erfüllt. Was uns dann ärgerlich oder traurig stimmt, ist nicht das Schweigen Gottes, sondern unsere Ungeduld, unser Misstrauen ihm gegenüber. Die Erfahrung unserer Begrenztheit gehört zum Plan Gottes. Nicht dass wir uns hochmütig darüber hinwegheben sollen, sondern dass wir letztlich ihm alles anvertrauen und uns dort bescheiden, wo unsere Begabungen und Erkenntnisse aufhören. Wachstum und Weiterentwicklung des Menschen sind Gebote Gottes; dazu ist es geraten, den Geist Gottes um Beistand zu bitten, nicht aber irgendeinen Geist, der uns angeblich zum Licht, in Wahrheit aber hinters Licht führt.

Es gibt neue Tugenden

Es gibt Pessimisten, die der Meinung sind, die Tugenden seien längst ausgestorben und die heutige Jugend könne entweder nichts Tugendhaftes mehr von den Erwachsenen lernen (Kennen Sie noch tugendhafte Erwachsene?) oder lehne sie als Relikte einer verstaubten Moral ab. Wer möchte schon ein »tugendhafter Jüngling« oder eine »tugendsame Jungfrau« sein? Ich teile diesen Pessimismus nicht. In vielen Begegnungen mit jungen und älteren Menschen erfahre ich immer wieder erstaunliche moralisch hochstehende Ansichten und Selbstforderungen.

Zum Beispiel Michael

Michael ist ein sportlicher und gut aussehender junger Mann. Die Mädchen schauen nach ihm. Was sie nicht ahnen können: Er sucht eine Freundin, die so wie er den christlichen Glauben ernsthaft lebt, mit ihm gemeinsam betet und selbstverständlich treu sein muss. So wie er. Außerdem fällt auf, dass Michael zu allen Leuten freundlich ist, hilfsbereit und bescheiden. Ihm würde es nie in den Sinn kommen, gebrauchte Coladosen oder sonstigen Kleinmüll einfach auf die Straße zu werfen. Zugegeben, eine solche Ballung von Tugenden kommt vielleicht selten vor; doch ich kenne Michael persönlich sehr gut. Er imponiert mir. Ich weiß aber auch, dass dies bei ihm nicht immer so war. Erst seine Hinwendung zu Gott führte ihn auf diesen Weg.

Und weil er kein abgehobener Spinner ist, der weltfremd und im Müsli-Look durch die Gegend latscht, überzeugt er. Sein rücksichtsvolles Verhalten, seine Fairness und Solidarität mit den Schwachen hat gewiss Auswirkungen auf jene, die dies beobachten. Ist er nun ein Weichei, ein Gentleman, ein moderner und bewusster Christ oder ein Ewiggestriger? Für diejenigen, die ihn erleben, ist er ein sympathischer Noch-Jugendlicher, der sein Christsein bewusst lebt und dabei Bekennermut zeigt. Er hinterlässt einen starken Eindruck, ohne Macho-Allüren.

Der Unterschied

Viele können mit den Tugenden der Frömmigkeit, der Keuschheit oder Demut nicht viel anfangen; sie wirken mitunter abschreckend und altbacken. Dennoch bemühen sich nicht wenige Leute, darunter viele junge Menschen, die alten Tugenden in einem neuen Gewand wiederaufleben zu lassen. Treue und Ehrlichkeit sind nach wie vor die beiden wichtigsten Forderungen, die Jugendliche an sich selbst, aber auch an ihren Freund, ihre Freundin stellen. Demut ist das beim Wort genommene mutige Eintreten für andere, auch das Einbringen seiner Gaben, ohne nach Lob und Bewunderung zu gieren. Was sich manchmal hinter dem schillernden Begriff der Selbstverwirklichung versteckt, ist mitunter ein Sammelbegriff für Nachbarschaftshilfe, Kollegialität, Zivilcourage, Einsatz für die Schwachen (Kirchenasyl) und Rücksichtnahme für die Schöpfung. Gerade in diesem letzten Punkt hat die junge Generation eine weitaus größere Sensibilität entwickelt als ihre Erzieher. Man sieht die Gefahren der rücksichtslosen Ausbeutung und der begrenzten Ressourcen. Der Ruf nach umweltfreundlicheren Antriebsstoffen wird laut.

Während die Alten Wert legten auf Anpassung und Unterordnung, mucken die Jungen inzwischen auf und hinterfragen diesen Begriff des Gehorsams. Während die Alten die Fahne der Frömmigkeit hochhalten, beginnen die Jungen mit Plakaten die Toleranz einzufordern. Sie entdecken die Schwächen der bisherigen, brüchig gewordenen Tugenden und riskieren lieber einen Reinfall als ein monoton dahinplätscherndes Leben, in dem sich kaum etwas bewegt. Für sie ist eine Sünde, an der man wachgerüttelt wird, nützlicher als eine Tugend, an der man einschläft. Nein, die neuen Generationen sind keineswegs lasterhafter als die alten, aber eher bereit, hinter die vermeintlichen Tugenden zu blicken, um festzustellen, dass sie dringend einer Restaurierung bedürfen.

Von der Brüderlichkeit zur Solidarität

Immer deutlicher und dringender wird die Forderung nach Solidarität, jene Tugend, die auf der Selbst- und Nächstenliebe basiert. Angesichts der Massenarbeitslosigkeit in der ganzen Welt können wir nicht nur national handeln. Inzwischen kümmert sich die »Weltbewegung christlicher Arbeiter« in mehr als 50 Ländern um dieses globale Problem. Solidarität schaut über die Grenzen hinaus; sie will das Wohl des Ganzen und kann niemanden ausgrenzen. Ihr liegt die Mitverantwortung für jeden Einzelnen zugrunde. Talkshows, so fragwürdig sie sein mögen, kümmern sich um Menschen, die Opfer von Psychoterror am Arbeitsplatz oder von Bürokratie geworden sind. So erkennen wir hinter der Solidarität den Ruf nach sozialer Gerechtigkeit. Ihm liegt die Hoffnung zugrunde, dass in der Welt nicht die schiere Macht und reine Willkür regieren. Solidarische Menschen leisten das, was wir anderen schulden, nicht erst auf Nachfrage oder Druck, sondern freiwillig und verlässlich.

Zivilcourage als Tugend der Tapferkeit

Man spricht nicht mehr vom »tapferen Schneiderlein«, eher vom couragierten Mitmenschen. Dieser Mut basiert auf der Liebe zum Nächsten, auch auf Mitleid für den Schwächeren, manchmal auf geweckten Aggressionen, die hochkommen angesichts des Unrechts, zu dessen Zeuge einer wird. Er hat ebenso wie die Solidarität einen sozialen Bezug. Doch scheint die Zivilcourage eher rar gestreut zu sein. Wer heute auf der

Straße, in der U-Bahn oder sonstwo überfallen wird, kann nicht selbstverständlich mit dem Schutz der Zuschauer rechnen. Ziviler Mut erfordert also mehr als Mitleid. Er benötigt zum aktiven Eingreifen auch ein gewisses Aggressionspotential (aggredi = etwas anpacken, auf etwas zugehen). Andernfalls wird die Angst nicht überwunden. Dennoch ist ein aggressiver Mensch nicht einfach tapfer bzw. couragiert. Es gehört wesentlich der Blick für das Gute dazu. Und Klugheit. Doch diese Tugend zeigt sich heute vielfach im Deckmantel der Diplomatie.

Diplomatie: Klugheit oder Raffinesse?

Jesus fordert uns auf, klug zu sein wie die Schlangen, aber arglos zu sein wie die Tauben (Mt 10,16). Nun hat sich die Klugheit im volkstümlichen Verständnis gewandelt: Die einen sehen in ihr eine rationale Begabung, die anderen werten sie negativ als Gerissenheit, die sich bestimmte Vorteile zu verschaffen vermag. Die biblische Tugend der Klugheit meint Besonnenheit und ist verwandt mit der Gabe der Unterscheidung. Sie erkennt die Wirklichkeit und das, was jeweils notwendig ist. So spricht Jesus von den törichten und den klugen Jungfrauen (Mt 25,1–13), vom treuen und klugen Knecht (Mt 24,45 f.) und verweist die Klugheit in den Bereich der Wachsamkeit und sittlichen Verantwortung. Heute mag die Diplomatie an ihre Stelle getreten sein, wenngleich sie nicht ganz das trifft, was der Klugheit zu Eigen ist, nämlich die Wahrhaftigkeit. Allzu oft ist diese ein Opfer des diplomatischen Verhaltens, das mehr eine schlaue Anpassung und ein taktisches Manöver um eines Vorteils willen meint.

So ist nicht jede neue Tugend eine Tugend; um eine solche zu sein, bedarf sie der Wahrhaftigkeit, die mehr ist als die Vermeidung der Lüge. Sie ist eine sittliche Grundhaltung, die um der Liebe willen auch eine situativ bedingte Lüge in Kauf nimmt, nämlich dann, wenn es gilt, ein Menschenleben oder eine Beziehung zu retten. Denn über der Wahrheit steht die Klugheit.

Fairness, das moderne Schlagwort

Es ist die am meisten genannte Eigenschaft in den Medien und hat ihre Heimat im Sport. Man spricht vom »Fairplay«, vom fairen Spiel, und meint ein rücksichtsvolles, kollegiales Verhalten, ein Einhalten der Spielregeln. Inzwischen ist der Begriff zum Schlagwort geworden, das alles Mögliche im zwischenmenschlichen Bereich belegen möchte. Es kann Gerechtigkeit bedeuten, Gleichberechtigung, Verzicht auf Vorteile, Verteidigung eines Schwächeren, Nachbarschaftshilfe. Wird ein Mensch für fair gehalten, gilt er als ehrenhaft und anständig, als einwandfrei und kameradschaftlich. Die Fairness scheint derzeit die höchste Tugend zu sein; da kann einer lügen, bis sich die Balken biegen, oder ein unmoralisches Leben führen, Hauptsache, er ist fair zu den Leuten. Sein Privatleben ist zweitrangig; entscheidend ist sein Sozialverhalten, also das, was die Öffentlichkeit ausmacht. Neben dieser modernen Tugend steht auf dem zweiten Platz die . . .

Toleranz, die duldet

Schon die Apostel wollten das Unkraut vorzeitig ausreißen; doch Jesus weist sie darauf hin, das Unkraut mit dem Weizen wachsen zu lassen (Mt 13,24 ff.). Heute wird jemand für tolerant gehalten, wenn er andersdenkende Menschen in ihrer Überzeugung duldet. Nun lässt sich äußerlich diese Toleranz nicht abgrenzen von der Gleichgültigkeit oder Bequemlichkeit. Vielen Menschen ist es schlichtweg egal, welch Geistes Kind der andere ist, solange er nicht die Rechte des anderen beschneidet. Doch wirkliche Duldsamkeit ist leidensfähig.

So kann eine Frau den Austritt ihres Mannes aus der Kirche nur tolerieren im Hinblick auf dessen Verwundungen, die hier möglicherweise zugrunde liegen, auch um der Überzeugungsfreiheit willen. Gott verleiht ja auch dem objektiv Irrenden bei subjektiver Gewissenstreue die Seligkeit.

Junge Menschen haben hier den Älteren erneut etwas voraus. So ist das ökumenische Denken bei ihnen ausgeprägter; auch fällt ihnen das interkulturelle Zusammenleben viel leichter. In Sachen Weltanschauung und Mode gesteht man sich mehr Freiheit und Großzügigkeit zu. Die Frage bleibt allerdings offen, ob es sich hierbei tatsächlich immer um die wahre Toleranz handelt, die ja nur einer haben kann, der eine große innere Sicherheit und Ungefährdetheit bezüglich der eigenen Überzeugung besitzt. Wer alles für unwichtig und relativ hält, kann die Tugend der Toleranz nicht für sich beanspruchen. Der Tolerante tritt grundsätzlich für die Wahrheit ein, die nicht zu trennen ist von der Liebe zum andersdenkenden Menschen. So bleibt stets ein Spannungsverhältnis zwischen beiden Positionen bestehen. Deshalb ist es auch nicht gerechtfertigt, jemandem Intoleranz vorzuwerfen, wenn er sich vornehmlich mit Menschen seines Glaubens und seiner Meinung zusammentut.

Selbstliebe gleich Selbstannahme

Eine wichtige Voraussetzung zur Nächstenliebe ist die von Jesus gebotene Selbstliebe. Viele haben in ihr eher die Basis für egoistisches Verhalten gesehen und sie zu vermeiden gesucht. Die Folgen sind fatal: Depressionen, Aggressionen, Flucht in Ersatzbefriedigungen. Heute ist der Begriff der Selbstakzeptanz oft zu hören. Er meint das Kennen und Anerkennen der eigenen Fähigkeiten wie auch der Grenzen. Die Zustimmung zur eigenen Existenz ist eine Tugend. Früher war die Selbstverleugung und Selbsterniedrigung einseitig verstanden worden als Selbstablehnung und als bescheidenes Zurückdrängen eigner Bedürfnisse. So aber hat es Jesus nicht gewollt. Die Heiligenlegenden schreckten nicht zuletzt deshalb ab, weil sie das Leben verneinten und alles Schöne und Angenehme als gefährliche Versuchungen deuteten. In der Tat kann einer erst dann die Kardinaltugenden Klugheit, Mäßigkeit, Tapferkeit und Gerechtigkeit leben, wenn er sein Dasein nicht verweigert, sondern ihm zustimmt und es aktiv gestaltet. Dabei muss die Klugheit helfen, die verführerischen Lebensentwürfe von den richtigen zu unterscheiden. Es bedarf des Maßes (der Beherrschung) und der Courage zur Blamage; denn das Recht auf Fehler hat der Mensch. Wer mit sich selbst versöhnt ist, ist offen für alle Tugenden. Und vor allem: Weil er weiß, dass er noch nicht am Ziel ist, zwingt er die anderen nicht, es zu sein.

Und wenn alles schief geht?

Bleiben Sie Optimist. Es ist völlig normal, dass Sie Ihre verlorenen Dinge immer dort finden, wo Sie zuletzt suchen. Und dass Sie gerade dann zum Klo müssen, wenn die Katze auf Ihrem Schoß eingeschlafen ist.

Manche Menschen suchen lange nach dem richtigen Weg, um zu einem bestimmten Ziel zu gelangen. Viele wollen den kürzesten Weg gehen. Dann treten plötzlich widrige Umstände auf, sodass sie entweder einen Umweg gehen oder ein anderes Ziel suchen müssen, Irrwege inbegriffen. Am schlimmsten ergeht es dem, der erkennen muss, dass nichts mehr weitergeht, dass er sein Ziel möglicherweise verfehlt hat, dass fast alles in seinem Leben schief gegangen ist.

Der verflixte Numerus clausus

Wer heute einen bestimmten Beruf ergreifen möchte, muss unter Umständen sehr hohe Anforderungen erfüllen, die mit dem Beruf nichts zu tun haben brauchen. Zum Beispiel der Arztberuf. Nur wer einen Notendurchschnitt von 1,8 in seinem Abiturzeugnis vorweisen kann, wird zum Medizinstudium zugelassen. Diese Hürde erzeugt sicher einen großen Fleiß im Studium. Ob sie auch die Menschlichkeit fördert? Wie viele Schüler, die zum Arztberuf den erforderlichen Charakter mitbringen, müssen sich diesen Wunsch aus dem Kopf schlagen, weil ihre schulischen Leistungen für die Zulassung nicht ausreichen? Es kommt auch vor, dass Eltern aufgrund ehrgeiziger oder pragmatischer Vorstellungen ihren Kindern vorschreiben, welche Ausbildung sie zu »wählen« haben. »Wie alt sind Ihre Kinder?«, fragte ein Bekannter. »Der Arzt ist drei Jahre alt, der Rechtsanwalt fünf«, lautete die Antwort der Mutter. Ein Witz. Für manche mit einem bitteren Beigeschmack.

Es ist für junge Menschen sicher kein Drama, umzudisponieren und flexibel zu bleiben hinsichtlich neuer Entscheidungen. Verpasste Chancen, verkorkste Prüfungen oder durch Krankheit unwiederbringlich verlorene Traumberufe können einem sehr zusetzen. Manch einer fällt in die Depression, macht seinem Leben ein Ende, gerät auf die schiefe Bahn, wird zum Alkoholiker. Das würde nicht passieren, wenn er auf sein Ziel nicht so einseitig fixiert wäre. Der Ort, den wir auf der Karte suchen, liegt immer genau im Knick.

Kompromisse sind unumgänglich

Die Situation auf dem Arbeitsmarkt erlaubt es kaum noch, beliebig zu wählen oder jederzeit seinen Traumjob zu bekommen. Da müssen erhebliche Abstriche gemacht und Kompromisse geschlossen werden. Ich kenne einige Leute, die sich um den nächstbesten Arbeitsplatz beworben haben, nur um ihren Lebensunterhalt zu verdienen, also aus rein finanziellen Erwägungen. Diese Tätigkeit schmeckt ihnen keineswegs; dennoch sind sie nicht ungenießbar oder krank geworden. Sie suchen weiterhin mit der Hoffnung auf bessere Bedingungen. Ihren Ausgleich suchen und finden sie in ihren sozialen Beziehungen (Kontakte, gemeinsame Unternehmungen mit Freunden), in ihren Hobbys (Sport, Lesen, Musik, Handwerk u.a.). Einer hat sich einen kleinen Zoo angelegt und freut sich, wenn er nach der Arbeit seinen Esel Uri, sein Schaf Traudl, seinen Hund Tasso, seine Hasen und Meerschweinchen begrüßen kann. Das Gefühl, wenigstens zu Hause gebraucht zu werden, hilft ihm über die berufliche Misere hinweg.

Ein Freund von mir hat früh seine Eltern verloren und musste sich allein und ohne jede finanzielle Unterstützung durchs Leben schlagen. Er hatte keine Ausbildung. Niemand wollte ihn haben, allenfalls seine Arbeitskraft gegen geringes Entgelt ausbeuten. Er wollte einen Kredit; doch um ihn zu bekommen, muss man erst beweisen, dass man ihn eigentlich gar nicht braucht. Das konnte er nicht. Schließlich geriet er in schlechte Gesellschaft und kam ins Gefängnis. Der Einzige, der ihn dort besuchte, war ich; denn er hatte keine Verwandten mehr, keine Freunde. Nach seiner Entlassung bot er seine Dienste verschiedenen Geschäftsleuten an: Botendienste, Packen, Sortieren, Transport von Waren. So verdiente er Geld und kaufte sich davon im Lauf der Jahre Werkzeuge zur Restaurierung von alten Möbeln. Heute restauriert er für Antiquitätenhändler diverse Möbelstücke, stellt selber fehlende Teile her und transportiert mit einem alten, selber reparierten Kombiwagen diese teuren Stücke zu den Käufern.

Dieser junge Mann hat sich etwas bewahrt, was im Leben unbezahlbar ist: Phantasie, Ausdauer und Bescheidenheit. Von seinem einstigen Traumziel, dem Beruf des Ingenieurs, hat er Abschied genommen. Er schätzte seine Lage realistisch ein und dachte gar nicht daran, im Selbstmitleid zu versauern.

Goldwäschermethode

Wer geduldig und ausdauernd genug den Schlamm siebt und wäscht, findet eines Tages ein paar Körnchen Gold. Wer sich selber (heraus)fordert, wer sich auf ganz bestimmte Ziele festlegt in der Zuversicht, sie mit entschlossener Konsequenz zu erreichen, kann durchaus Erfolg haben. Es gibt genügend Beispiele, die vom zähen Durchsetzungswillen eines positiv denkenden Menschen berichten. Was aber macht er, wenn's nicht gelingt? Oder wenn später nach erreichtem Ziel die Dinge ganz anders verlaufen? Bei zu hoch gesteckten Zielen besteht die Gefahr eines tiefen Falls, wenn Anspruch und Wirklichkeit auseinanderklaffen. Die Tugend der Bescheidenheit steht uns allen gut an. Sie bewahrt uns vor gefährlichen Höhenflügen. Wer in jeder misslichen Lage noch etwas Positives sieht, wer aus jeder Situation noch etwas Brauchbares machen kann, besitzt alle Eigenschaften zum Überleben. Wer sich hingegen auf bestimmte Erwartungen fixiert, wird in Panik geraten, sobald diese Erwartungen nicht erfüllt werden.

Es lebte einmal ein sehr reicher Mann, der die Welt bereiste, um mit Seide, Gewürzen und Parfüms zu handeln. Sein einziges Interesse bestand darin, darüber mehr in Erfahrung zu bringen. In einer Stadt wohnte ein Kaufmann, der alles über diese Dinge wusste. Dieser sagte ihm: »Geh nach Norden, in den Himalaya. Setze dich drei Tage auf einen bestimmten Berg und du wirst sehen, was du noch nie gesehen hast.« Der Mann ging los und saß drei Tage lang auf dem Berg und träumte von Seide, Gewürzen und Parfüms. Seine ganze Phantasie und Erwartung hing an diesen Dingen. Nichts geschah. Verärgert kehrte er zum Kaufmann zurück und bezichtigte diesen der Lüge. Der aber sagte: »Du und deine Vorstellung von Seide, Gewürzen und Parfüms. Du wirst nie mehr zurückkehren zu diesem Berg. Das Flussufer war übersät mit Diamanten. Du aber dachtest nur an Seide, Gewürze und Parfüms.« Der Mann konnte sich genau an die blitzenden Steine erinnern.

Worauf sind wir fixiert? Wir selber sehen oft nicht die anderen Möglichkeiten, die sich uns anbieten, weil wir an bestimmte Ideen und Vorstellungen in unserem Kopf gebunden sind.

Der Glücksfall ist selten

Ich habe drei Berufe erlernt und viele Nebenjobs ausgeübt. Jetzt bin ich Priester und Psychotherapeut. Ich mache meine Arbeit gern. Das aber bewahrt mich nicht davor, wenigstens einmal im Jahr das Handtuch werfen zu wollen. Es gibt Momente des Zweifels, des Überdrusses und der Frustration, in denen man am liebsten sämtliche Flinten ins Korn werfen möchte. Wie oft schon habe ich mich gefragt: Bist du überhaupt dafür geeignet? Ist das wirklich deine Berufung? Obwohl ich nun dreißig Jahre therapeutisch tätig bin, überfallen mich solche Zweifel immer wieder. Dennoch mache ich weiter, weil ich weiß, dass es meinen Kollegen und Kolleginnen ebenso ergeht. Und welche Tätigkeit bereitet ausschließlich die reinste Freude? Gott hat mich diesen Weg geführt; er hat mir nie versprochen, dass meine Tätigkeit ausschließlich Spaß machen würde. Es mag für manchen die Erkenntnis kommen, den Beruf wechseln zu müssen. Nicht wenige steigen aus und wenden sich einfacheren, meist naturverbundenen oder auch sozialen Tätigkeiten zu. Da muss jeder selber spüren, ob und wann dieser Ruf an ihn ergeht. Nikolaus von der Flüe war so einer. Er verspürte eines Tages den Ruf, seine Familie verlassen und als Einsiedler leben zu sollen. Die Familie war geistlich genug geprägt, diese Entscheidung zu verstehen und nach langen Kämpfen auch zu verkraften. Nikolaus wurde Einsiedler und als solcher ein gefragter Berater. In der Regel gehen Berufswechsel allerdings etwas prosaischer und pragmatischer vor sich. Allergien und berufsbedingte Krankheiten machen so mancher vielversprechenden Karriere ein jähes Ende. Oder der Tod des Partners zwingt plötzlich zu neuen Entscheidungen. Auch kann ein Umzug erforderlich werden, weil der Arbeitsplatz zu weit entfernt liegt. Das hat den Verlust der sozialen Bindungen zur Folge. Immer wieder gibt es Gründe zum Umdenken und Neuanfangen. Das Glück lässt sich nicht zwingen. Ich warne davor, stets auf andere zu schielen, von denen wir meinen, es ginge ihnen besser und sie hätten den Erfolg gepachtet. Solches Vergleichen kann demoralisieren und Neid wecken. Ich werde immer wieder mit unglücklichen Menschen konfrontiert, die einen starken Hang zum Perfektionismus haben. Wenn etwas nicht hundertprozentig gelingt, sind sie todunglücklich. Auf diese Weise programmieren sie fast täglich ihren selbstgemachten Frust. Sie wollen sich und ihrer Umwelt beweisen, wie gut sie sind, und schlittern geradewegs in eine seelische Krise oder psychosomatische Krankheit hinein.

Versöhne dich mit deiner Vergangenheit

Nichts ist vergeblich. Missgeschicke, verpasste Chancen, verfehlte Ziele können nutzbar gemacht werden für meine eigene seelische und geistliche Entwicklung. Wer meint, er habe jahrelang umsonst gelebt, weil er einen falschen Beruf gewählt hat oder weil er keine Erfolge sieht, irrt sich. Und wenn er am Lebensende nur noch einen Scherbenhaufen vor sich liegen sieht, muss er nicht verzweifeln. Dann bleibt zu hoffen, dass ihn das Vertrauen zu Gott trägt: »Herr, ich komme mit leeren Händen.« Und Gott wird sagen: »Gib mir die Scherben. Ich werde sie wieder zusammenfügen. Viel wichtiger als irgendein Erfolg ist mir deine ehrliche Absicht.«

Unsere Gebete erfahren oftmals eine ganz andere Erhörung, als wir es uns vorstellen. Wir reagieren oft nicht auf das, was in Wirklichkeit geschieht, sondern auf das, was sich in unseren Köpfen abspielt. Ein Mann hatte sich in der Wüste verlaufen und bat Gott um Hilfe. »Und hat Gott dein Gebet erhört?«, wurde er gefragt. »Nein«, antwortete unser Mann, »ehe er das tun konnte, tauchte ein Forschungsreisender auf und zeigte mir den Weg.« In seinen Worten schwang deutlich die Enttäuschung über das Schweigen Gottes mit. Wichtig für ein ausgeglichenes Leben ist nicht unbedingt der berufliche Dauererfolg oder ein passabler Job mit gutem Verdienst. Da Enttäuschungen, Misserfolge und Fehler zum Leben gehören, ist die Versöhnung die wesentliche Voraussetzung für den inneren Frieden. Zu viele Menschen werfen sich jahrelang irgendwelche Versäumnisse vor, statt sich endlich zu vergeben und loszulassen. Sie vermiesen sich damit das bisschen Lebensqualität, das sich ihnen noch bietet. Da ist ein pensionierter Schuldirektor, der nur noch seine Fehler sieht, all die beruflichen Versäumnisse wiederkäut und dadurch in eine Dauerdepression fällt. Außerstande, die positive Seite seines Lebens zu betrachten, quält er sich mit seiner Vergangenheit herum. Dahinter mag auch eine Selbstablehnung stecken, die Fehler nicht zulässt und dadurch eben immer wieder hervorruft. Denn was einer verbissen zu vermeiden sucht, wird er tun.

Man lebt nicht, wenn man nicht etwas lebt

Immer kann etwas wegschwimmen: die beruflichen Pläne, die familiäre Bindung, die Gesundheit, die finanzielle Absicherung. Deshalb scheint es mir wichtig, dass wir einen Anker haben, der fest gegründet ist in einem bleibenden überirdischen Wert. Wer seine Beziehung zu Gott pflegt, wer sich von ihm getragen weiß und wer sein Unglück ihm hinhalten kann, wird nicht so schnell abdriften. »Der Mensch erträgt fast jedes Wie, wenn er ein Warum zu leben hat«, sagte Nietzsche. Wenn etwas schief geht, überlasse ich mich umso mehr Gott und kämpfe weiter. Die Zukunft hat viele Namen. Für die Verzagten ist sie die Unerreichbare. Für die Verzweifelten die Unbekannte. Für die Tapferen ist sie die Chance.

Träume sind Wegweiser

»Ich habe den größten Quatsch geträumt«, sagt jemand. »Und ich träume schon seit Monaten nicht mehr«, sagt ein anderer.

Doch beide irren sich. Denn wir träumen vier- bis sechsmal pro Nacht, und auch die »unsinnigen« Träume haben eine durchaus sinnige Bedeutung.

Träume der Bibel

Sie sind Botschaften Gottes. Bekannt sind die beiden großen Traumdeuter Josef und Daniel. Josef deutet die Träume des Pharao und erkennt in ihnen eine kommende Hungersnot. So veranlasst er, genügend Getreide zu speichern, und kann so das Land vor einer Katastrophe retten. Saul bittet Gott, ihm eine Weisung im Traum zu geben, doch Gott schweigt. Und so begibt sich Saul zu einer Wahrsagerin, um sich dort Auskunft zu holen. Zur Strafe für seine Untreue Gott gegenüber fällt er ins eigene Schwert. Im Neuen Testament erscheint dem Josef wiederholt ein Engel im Traum, der ihn über die Schwangerschaft seiner Verlobten aufklärt, ihn später zur Flucht nach Ägypten und wieder später zur Rückkehr auffordert. Pilatus' Frau hatte wegen der Verurteilung Jesu einen schrecklichen Traum und bittet ihren Mann, davon Abstand zu nehmen. Doch er hält sich nicht daran und das Unheil nimmt seinen Lauf.

Vielfalt der Deutungen

Während in der Antike die Traumbilder stets Offenbarungen der Götter waren, betrachtete sie die Aufklärung als Ausdruck körperlicher Reize, z.B. als Folgen eines zu vollen Magens. Ansonsten hielt man sie für Hirngespinste. Erst Freud erkannte wieder ihre tiefe Bedeutung, deutete sie aber einseitig als Ergebnisse eines starken Wunsch- bzw. Angstdenkens. Der Vater der heutigen Traumdeutung, C. G. Jung, fand heraus, dass sich in allen Träumen aller Menschen dieselben Elemente finden, und sprach vom kollektiven Unbewussten und vom archetypischen Bildmaterial. Ein Traum dauert zwischen zwei und zwanzig Minuten und tritt alle neunzig Minuten auf. Während des Träumens bewegen sich die Augäpfel rasch hin und her (REM-Phasen: Rapid Eye Movement). Der Träumer ist hoch erregt, kann aber nicht weglaufen, weil die Skelettmuskulatur lahm gelegt ist. Wäre das nicht so, wären nachts unsere Straßen voll weglaufender Menschen.

Verfolgung, Sturz und tiefe Abgründe

Jeder von uns kennt solche Träume: Ich werde verfolgt, renne um mein Leben und komme nicht vom Fleck. Schweißgebadet erwache ich. Oder: Ich laufe ziellos durch die Gegend und stehe plötzlich vor einem tiefen Abgrund. Dann rutscht der Boden weg, ich stürze unendlich tief und verletze mich. Vom Schmerz getroffen, erwache ich und finde mich neben dem Bett am Boden wieder.

Solche Traumbilder weisen auf eine Versagensangst hin. Ich habe das Gefühl, beruflich oder privat nicht weiterzukommen, und verspüre den Leistungsdruck im Nacken. Die Angst verführt mich zur Flucht. Oder ich habe das Gefühl, den Boden unter mir zu verlieren und ins Nichts zu fallen. Die verschlüsselte Botschaft lautet: Lerne dich den Problemen zu stellen und standzuhalten!

Einem jungen Mann, der im Schlussexamen stand und diesen Traum seit Wochen träumte, gab ich den Auftrag, das Traumgeschehen zu beeinflussen und sich nach dem Verfolger umzuschauen. Eines Nachts gelang ihm dies. Wie erstaunt war er, nachdem er sich selber als Verfolger erkannte. Er war es, der, von Perfektionismus getrieben, Höchstleistungen von sich verlangte und zugleich eine enorme Abwehr entwickelte. Erst als er seine überhöhten Anforderungen herunterschraubte, trat der Traum nicht mehr auf.

Der verpasste Zug

Es sind vorwiegend Frauen, die von verpassten oder entgleisten Zügen, vom Zuspätkommen oder vom falschen Zug träumen. Manchmal kommt der Zug auch nicht an. Alles dauert endlos lang, nichts bewegt sich.

Es ist nicht schwer zu erkennen, dass hier der Zug (oder auch das Auto, Flugzeug . . .) ein Symbol für die Vorwärtsentwicklung der Persönlichkeit ist: Solche Inhalte weisen die Träumerin darauf hin, dass sie gerade dabei ist, eine wichtige Entwicklung zu verpassen oder eine Fehlentscheidung zu treffen, dass sie entscheidungsunfähig ist und trödelt. Manchmal hat sie auf den falschen Zug (aufs falsche Pferd) gesetzt oder hat Angst davor, festgefahren zu sein. Eine Frau will sich von ihrem Mann scheiden lassen. Der Mann, der eine Geliebte hat, will seine eigene Frau nicht verlieren, aber auch die andere nicht aufgeben. In der Beratung teilt er seinen Traum mit: Er befindet sich am Bahnhof, umgeben von sehr vielen, vollbepackten Koffern, die plötzlich aufplatzen und seine intimsten Dinge offenbaren. Während er alles hastig wieder hineinstopft, fährt der Zug ohne ihn ab. Im Zug ist seine Ehefrau, die ihr Aussehen verändert und ihm auf einmal fremd vorkommt. Die Polizei kommt ihm entgegen und will ihn verhaften, weil sie in einem seiner Gepäckstücke seine Geliebte entdeckt.

Tiere zeigen Instinkte

Ein Mann sieht sich im Traum die Zeitung lesen. Dabei stört ihn ein Hund, der ständig an seiner rechten Seite hochspringt und offenbar mit ihm spielen will. Dem Mann gelingt es nicht, den Hund zu verjagen.

Der Hund symbolisiert einmal den Wächter für den Besitz des Menschen, zum anderen kann er auf Aggressionen oder auf den Spieltrieb hinweisen. In diesem Traum ist es offenkundig, dass sich der Mann zu wenig um seine Leidenschaften kümmert (rechts liegt die Gefühlsseite des Menschen). Stattdessen liest er die Zeitung, Hinweis auf die intellektuelle Seite des Träumers. Dieser Mann muss lernen, seine vernachlässigten Emotionen und Triebe mehr zu beachten.

Treten Katzen oder Raubtiere im Traum auf, kann dies auf Individualität, aber auch auf eine gewisse Egozentrik hindeuten. Gelegentlich bezieht sich das Spielerische und Katzenhafte auch auf das sexuelle Verhalten des Träumenden, gepaart mit einer gewissen aggressiven Komponente.

Brennende und zerstörte Häuser

Feuer signalisiert Reinigung oder verzehrende Leidenschaft. Das wird deutlich, wenn wir sagen, einer habe Feuer gefangen oder sei in Liebe entbrannt. Das Haus stellt das seelische Gebäude dar, wobei die Zimmer und Etagen verschiedene Funktionen haben: Der Keller meint das Unbewusste, der Dachboden ist Ort vergessener Inhalte und Probleme, die Küche symbolisiert den Bereich des Weiblich-Mütterlichen.

Eine Frau steht vor einer wichtigen Entscheidung. Sie ist verliebt und muss das Wagnis eingehen, vielleicht auch eine Fehlentscheidung zu treffen. So wägt sie alles ab in ihrem Kopf, überdenkt die Argumente und ist sich der Gewichtigkeit ihrer Entscheidung bewusst. Soll sie diesen Mann heiraten oder nicht? Im Traum kommen dann auch sämtliche Symbole für dieses Geschehen vor: Ihr Haus brennt lichterloh. Eigenartigerweise aber macht sie keine Versuche, den Brand zu löschen. Sie läuft hinauf zum Dachboden und entdeckt dort hunderte von Waagen und Gewichte. Sie sucht sich für die schönste Waage die entsprechenden Gewichte aus und geht dann in die Küche, um alles auszutaxieren. Dabei fällt ihr ein, dass das Haus immer noch brennt. Ein Teil stürzt ein. Das kümmert sie wenig. Sie muss ihre Gewichte sortieren.

Es ist nicht schwer, die einzelnen Momente in einen Zusammenhang zu bringen: Diese Frau ist verkopft (Dachboden) und möchte trotz ihrer Verliebtheit (Feuer) nüchtern abwägen (Waage, Gewichte). Dabei stürzt ein Teil des Hauses ein (sie erleidet seelischen Schaden bzw. ist sie bereit, auf einen Teil ihrer Persönlichkeit zu verzichten zugunsten ihrer Entscheidung).

Bei der Deutung des Traumes erkennt sie die Notwendigkeit einer Veränderung: Ihr Kopf ist ihr im Weg; sie ist zu »vernünftig« und muss lernen, dem Herz mehr Raum zu geben.

Traum vom eigenen Tod

Er ist kein Hinweis auf das baldige physische Ende. Wer vom eigenen Sterben oder von seiner Beerdigung träumt, erhält die Botschaft, von irgendetwas in seinem Leben oder in seiner Persönlichkeit Abschied nehmen zu sollen. Er deutet auf wichtige Veränderungen hin, auf eine seelische oder charakterliche Wandlung. Es kann auch etwas Neues im Leben auftreten.

So träumte ein Geschäftsmann wiederholt von seiner Beerdigung. Er hörte auch die Grabreden seiner Freunde und war zutiefst bestürzt über das, was sie sagten. Sie sprachen nämlich unverblümt über seine Stärken und Schwächen. Der Mann erkannte, dass er sich ändern muss. Seine erste Reaktion war die Teilnahme an Einzelexerzitien, die ihm helfen sollten, die ersten Schritte zur Besserung (zu einem neuen Leben) zu tun.

Träume, die auf einen möglichen realen Tod hinweisen, sind selten und stellen sich meist dar als Reise in ein fernes, unbekanntes Land, wobei die Fahrt über ein großes Meer typisch ist. Das Meer ist glatt, still und endet am dunklen Horizont.

Manchmal geht ein Engel oder eine unbekannte weiße Gestalt voraus. Je plastischer und eindrucksvoller der Traum ist, desto aussagekräftiger und realistischer ist er. Dennoch sind Träume meist mehrdeutig und verlangen für eine treffsichere Übersetzung mehr Kenntnisse über den Träumer und dessen biographischen Kontext, wobei die Deutung, die der Träumende selbst gibt, Vorrang hat.

Aufgaben der Träume

Wir wissen, dass die Traumbilder Aktivitäten unseres Lebens wiedergeben und sie in archetypische Bilder kleiden. Wenn eine Frau träumt, dass sie im Geschäft endlos lang nach einem Kleidungsstück sucht und dann hinausgeht, ohne etwas gekauft zu haben, dann spiegelt dieser Traum ihre Situation wieder: Unentschlossenheit, aber auch: hohe Ansprüche an die Umwelt ohne Gegenleistung. Andere Träume fügen vernachlässigtes Material hinzu; sie gleichen sozusagen den Mangel im wirklichen Leben aus, indem sie beispielsweise von den guten Seiten eines Menschen träumen, die sie im realen Leben zu wenig sehen. Oder ein Mann träumt die hässlichsten Geschichten von seiner geliebten Freundin; dieser Vorgang macht bewusst, dass der Mann die Freundin zu einseitig, nämlich rosarot sieht. So korrigiert das Unbewusste diesen Mangel und will den Träumenden zur ganzheitlichen Sicht der Dinge führen. Darüber hinaus dienen die Träume unserem körperlich-seelischen Gleichgewicht. Blockierte Gefühle, verdrängte Ängste oder Wünsche, unverarbeitete Konflikte sollen bewusst gemacht und bearbeitet werden.

Um nicht einzurosten, sind Pulsfrequenz, Atmung, Darmbewegungen, auch sexuelle Erregung während der Träume auf Hochtouren. Vieles ist noch unerforscht. Ich rate ab davon, in einem Traumlexikon die einzelnen Traumbilder nachzuschlagen und dann deren »Bedeutung« losgelöst vom Kontext des Geschehens zu übernehmen.

Die Träume Don Boscos
Don Bosco zeichnete seine Träume auf. Sie waren zweifellos Botschaften des Himmels, Warnungen, Prophezeihungen. Bis auf einen Traum, dessen Erfüllung noch aussteht, wurden seine nächtlichen Eingebungen alle wahr. Dieser eine offene Traum ist mehrfach gemalt worden. Don Bosco beobachtet eine Seeschlacht: Viele kleine Schiffe bombardieren ein großes Schiff, an dessen Bug der Papst steht. Das Schiff hat ein Leck; doch es sinkt nicht. Es wird vertäut an zwei Säulen: Auf der kleinen Säule steht Maria, auf der großen eine Monstranz. Schließlich gehen die kleinen Schiffe alle unter. Das große Schiff regeneriert auf wundersame Weise. Unschwer zu erkennen, dass es sich hier um die Situation der Kirche handelt. Bleibt zu hoffen, dass auch dieser Traum bald in Erfüllung geht.

Von der Kunst des Redens

Wussten Sie, dass wir vier Ohren haben? Und dass unsere Erfahrungen, unsere Erziehung und auch die jeweilige seelische Verfassung bestimmen, welches Ohr am weitesten geöffnet ist? Was für das Hören gilt, gilt auch für das Sprechen. Was für Männer gilt, gilt nicht immer für Frauen.

Die harmlose Frage des Ehemannes an seine Frau: »Haben wir noch Bier im Keller?«, löst unterschiedliche Reaktionen aus. Wer zur Anpassung und zum Jasagen erzogen wurde, wird jetzt sofort in den Keller gehen, um das Bier zu holen (Appell-Ohr). Wer aufgrund vieler seelischer Verletzungen und erzwungener Anpassung aggressiv wurde, wird heftig kontern: »Geh selber nachschauen. Ich bin nicht deine Sklavin!« (Beziehungs-Ohr) Wer gelassen antwortet: »Ja, wir haben noch eine Kiste unten. Geh mal schauen«, beweist sein Sach-Ohr. Und wer etwas ausführlicher über seine Bedürfnisse spricht, benutzt sein Selbstoffenbarungs-Ohr: »Möglich, dass wir noch Bier haben. Bitte schau selber nach, ich bin jetzt nicht gewillt runterzugehen. Wie du siehst, habe ich im Augenblick genug zu tun.«

Der Mann entgegnet jetzt vielleicht: »Ich habe nur gefragt, ob wir noch Bier haben. Ich habe nicht gesagt, dass du es holen sollst.« In Wahrheit aber hat er seine Bitte um ein Bier in eine Frage versteckt.

Wir sind Meister der Verschlüsselung. Verletzte Menschen, die nicht willens sind, über ihren Frust zu reden, flüchten oftmals in ein beredtes Schweigen oder in die Ironie: »Mach nur so weiter! Du wirst schon sehen, was du davon hast.« Natürlich meinen sie das Gegenteil dessen, was sie sagen. Manche zeigen ihre Wut, indem sie die Tür laut zuschlagen. Anderen verschlägt es die Sprache; es bleibt ihnen nur ein auffälliges Räuspern und Hüsteln, mit dem sie ausdrücken: Ich möchte dir was husten.

Wer Angst hat vor Konfrontation, verschlüsselt seine Gefühle

Solche Verschlüsselungen sind als Streitmittel wenig geeignet, weil der andere sie nicht immer entschlüsseln kann. Menschen, die es sich zur Regel gemacht haben, ihre Gefühle und Bedürfnisse zu verstecken, laufen Gefahr, sie indirekt doch zu verraten und den Mitmenschen zu verletzen.

»Du bist ein Idiot«, bedeutet nichts anderes als: »Ich bin verärgert über dich.« Worüber ist aber nicht bekannt. Solche emotionalen Ausbrüche helfen nicht, Auseinandersetzungen fair und konstruktiv zu lösen.

Eine Person, die zu einem geliebten Menschen im Streit sagt, er solle doch zugeben, dass er Schluss machen möchte mit ihr, will eigentlich hören, dass sie geliebt wird. Hierbei tun sich die Männer schwer, denn:

Männer hören nicht zu, Frauen reden zu viel

Sie: »Wie geht es dir, Schatz? Verlief das Gespräch heute morgen mit deinem Chef gut? Hat er nachgegeben, so wie du gehofft hattest?«

Er: »Alles okay.«

Sie: »Ich hatte heute auch einen stressigen Tag. Stell dir vor,

Frau Weber hat sich doch tatsächlich scheiden lassen, und jetzt klagt sie auch noch gegen ihre Firma wegen irgendwelcher Schadensersatzansprüche. Also, ich finde das ja alles ein bisschen übertrieben. Findest du nicht auch, Schatz?«

Er: »In der Tat.«

Sie: »Ist das alles, was du zu sagen hast? Das scheint dich ja kaum zu bewegen. Was hältst du davon, wenn wir heute Abend mal zum Italiener gehen? Die Karlingers kommen auch. Also, ich find, wir sollten hingehen, ja?«

Er: »Von mir aus.«

Frauen haben ein größeres sprachliches Mitteilungsbedürfnis als Männer; und wenn der Mann, der eher zum sachlich-knappen Dialog neigt, auf die Empfindungen seiner Frau nicht eingeht, wird sie sich ans Telefon hängen und stundenlang mit ihrer Freundin reden. Sie sucht nicht irgendwelche Lösungen, sondern nur ein mitfühlendes Ohr. Frauen reden anders. Sie besitzen zwei Sprachzentren im Gehirn, während der Mann nur eines hat. Erleidet er einen Gehirnschlag auf der linken Gehirnhälfte, ist er stumm. Bekommt sie dort einen Schlag, redet sie munter weiter. Haben Sie schon einmal beobachtet, wie sich Frauen untereinander begrüßen und wie das die Männer tun? Wenn sich Gisela, Karin und Maria treffen, dann nennen sie sich Gisela, Karin und Maria. Wenn sich Karl, Fritz und Florian begegnen, nennen sie sich alter Haudegen, Dumpfbacke und Nasenbär. Das ist aber auch schon das Äußerste an Gefühlen, was sie auszutauschen bereit sind.

Worte können mehrdeutig sein, je nach Befindlichkeit der Seele

»Wo geht es zum Kino?«, fragt ein Passant.

»Geradeaus«, antwortet der Gefragte.

»Was? Schon aus? Ich komme aber auch immer zu spät!«

Die richtungsweisende Antwort »geradeaus« versteht der Unpünktliche als zeitorientierte Aussage: Der Film ist gerade aus. Weil er ein chronisch Verspäteter ist, hört er genau das heraus, was ihn betrifft. Geht es uns nicht auch oft so, dass wir je nach Stimmung und Charakter Botschaften hören, die nicht gemeint waren? Was der eine als ermutigend und hilfreich empfindet, kann der andere als verletzend betrachten.

Kurt trifft nach dreißig Jahren seinen Schulkameraden Dieter und sagt: »Du hast dich ja überhaupt nicht verändert!« Dieter ist sich unschlüssig darüber, ob er diese Aussage als Kompliment auffassen soll oder als Tadel. Zu oft sagte man ihm, er müsse endlich mal ein anderer werden; er sei ein Kindskopf.

»Es ist noch ein wenig Kaffee da«, meint die Ehefrau. Und der Mann gießt sich rasch noch eine Tasse voll. Er kommt kaum auf die Idee, einen Kaffee aus der Mittagspause oder am Abend mitzubringen. Der Mann sieht nur Zustandbeschreibungen, keine Handlungsanweisung. »Was für ein schöner Blumenstrauß!« bedeutet: »Ich hätte gern einen«, doch begreift der Mann das? Stattdessen macht er vielleicht eine dümmliche Bemerkung über die zu große Vase.

Wären wir alle versöhnte und ausgeglichene Menschen, gäbe es kaum Beleidigungen und Missverständnisse. Misstrauische Leute hören und reden anders als Selbstbewusste. Mir persönlich fällt es schwer, Menschen zuzuhören, die umständlich sind und nicht auf den Punkt kommen. Offenbar ist es eine eigene Gabe, Dinge sofort beim Namen zu nennen und ohne Umschweife zu reden. Politiker können besonders gut reden, ohne etwas zu sagen. Viele dicke Sachbücher könnten dünner ausfallen, wenn die Autoren zur Sache kämen und dabei blieben.

Es gibt Sätze, Phrasen, Wortspiele und Aphorismen

»Wer immer kriegt, was er will, wird verwöhnt« ist ein schlichter, langweiliger Satz. »Verwöhnte bekommen zu viel« klingt schon fast phrasenhaft. »Wer immer bekommt, was er will, dem bekommt nicht immer, was er bekommt« ist sowohl ein Wortspiel als auch ein Aphorismus (ein geistreicher Gedankensplitter). »Wer seine Aussage auf den Punkt bringt, schießt den Vogel ab.« Dieser Satz bedient sich zweier Vergleiche. Auf den Punkt bringen meint: sich wesentlich kurz fassen. Den Vogel abschießen meint: erfolgreich sein.

Jesus benutzte Gleichnisse und Bilder, um seine Botschaft zu verdeutlichen. Nicht immer haben ihn die Leute verstanden, sodass er manchmal seine Parabeln selber deutete. Denken wir an das Gleichnis vom Samenkorn. Werden Worte mit Bildem verknüpft, erhöht sich unsere Merkfähigkeit. Geistreiche Bemerkungen bleiben eher hängen, wenn sie spielerisch oder bildhaft serviert werden.

Typische Fehler beim Sprechenden und beim Hörenden

Wenn die Kommunikationsforscher Recht haben, dann machen Männer und Frauen je eigene spezifische Fehler. So wurde herausgefunden, dass Frauen eher als Männer ihre Gedanken nicht organisieren; dass sie sich ungenau ausdrücken und zu viele Informationen in ihre Aussage einpacken; dass sie zu lange sprechen.

Männer hingegen hören nicht richtig zu; sie bereiten ihre Antwort schon vor, während andere noch sprechen; sie neigen dazu, Details herauszugreifen, statt das Ganze zu sehen, und denken die Gedanken des anderen weiter, wobei es dann zu Fehldeutungen kommt.

Hier die Worte einer Bildungsreferentin, gleich nachdem sie das Büro des Kollegen Maurer betreten hatte: »Guten Morgen, Herr Maurer, wären Sie so nett und würden mal nachschauen, wie viele Meldungen für den Kurs 18 vorliegen und ob Frau Möslhuber zugesagt hat, sie wollte sich schon vor drei Tagen melden, und sagen Sie Herrn Dattelfing, dass er den Overheadprojektor haben kann. Und noch was, könnten Sie anschließend kurz zu mir kommen; es geht um die Pressemeldung über die Autorenlesung. Vielleicht kann aber auch Frau Tipsel den Herrn Dattelfing informieren. Ach ja, wo steckt eigentlich Frau Tipsel? Na ja, wenn sie kommt, sagen Sie es ihr!«

Ängste können lügen

Ängste fallen nicht vom Himmel. Oft haben sie ihre sehr menschlichen Ursachen. Dies zu ergründen baut die Angst ab und verhilft zu neuem Lebensmut.

Frau Konrad kann sich nicht wehren; sie schluckt alle Frustrationen und Verletzungen herunter und wagt nicht, ihre eigenen Bedürfnisse auszusprechen, geschweige denn, ein klares »Nein« zu sagen. Sie lebt in der Angst, sich Sympathien zu verscherzen und allein gelassen zu werden, wenn sie das sagt, was sie fühlt, und das tut, was sie denkt. Längst ist sie depressiv geworden, unfähig, sich von anderen abzugrenzen. Als Kind wurde ihr oft mit Liebesentzug gedroht für den Fall eines »Ungehorsams«. Sie wurde schuldig gemacht für die Herzattacken ihres Vaters, weil sie »frech« war und ihren Eigensinn durchsetzte. Inzwischen lebt sie so angepasst und »brav«, dass sie zwar keine Schuldgefühle mehr haben muss, aber unter fürchterlichen Ängsten leidet.

Wie ihr geht es Tausenden von Menschen. Schon der Gedanke, etwas falsch zu machen, zwingt sie zur Untätigkeit. Lieber ertragen sie ihre Magenschmerzen und ihren Bluthochdruck, als dass sie es wagen würden, eigene Wege zu gehen auf die Gefahr hin, die Zuwendung gewisser Menschen zu verlieren oder zum Sündenbock abgestempelt zu werden.

Angst hat viele Gesichter

Was Frau Konrad erleidet, ist allen Ärzten und Psychologen sehr geläufig. Die einen sprechen von Minderwertigkeitskomplexen, die anderen vom depressiven Syndrom oder von Ichfindungsstörungen oder vom Aschenputtelsyndrom. Gemeinsam ist allen die gelernte Unfähigkeit, eigene Vorstellungen zu verwirklichen, also originell zu leben. Auch die Eifersucht ist nichts anderes als die Angst, einen geliebten Menschen zu verlieren oder teilen zu müssen. Die Wurzel dieser Verlustangst ist das mangelnde Selbstwertgefühl: Wer sich nicht für liebenswert hält, glaubt auch nicht, dass andere ihn für liebenswert halten. So entsteht eine Beziehung, die mehr Last als Lust bringt. Manche leiden unter Platzangst: Sie meiden entweder große Menschenansammlungen, weite Räume oder kleine, enge Zimmer, Fahrstühle, voll besetzte Busse, Kirchen, Restaurants. Die Phantasie lügt ihnen vor, dass sie in diesen Räumen ersticken, umfallen, erbrechen oder sterben müssten. Manchmal liegt ein entsprechendes Erlebnis vor, doch ist es selten die wirkliche Ursache für diese Angst. Andere haben Angst zu erröten. Schon die Angst vor der Angst lässt sie rot werden. Und dann: Was denken jetzt die Leute von mir? Je verkrampfter sie sich darum bemühen, nicht rot zu werden, desto roter werden sie. Hier kann eigentlich nur die Flucht nach vorn helfen oder auch das Erlernen einer gewissen Gleichgültigkeit, wie es durch das autogene Training möglich wird.

Wenn einer den Starken spielt

Mancher legt sich Masken an. Er versteckt seine Angst hinter einer Fassade gespielter Lässigkeit, Kraftmeierei oder hinter ironischen, zynischen Bemerkungen. Haben Sie einmal beobachtet, wie viele Kinobesucher in ein lautes Gelächter ausbrechen, wenn es gruselig-spannend wird? Wie plötzlich eifrig getuschelt und geflüstert, mit den Popcorntüten geknistert und an Colaflaschen genippt wird, wo eigentlich geweint, gezittert oder geschrien werden müsste? Auf diese Weise maskieren viele ihre hochkommenden Ängste. Übersprungshandlungen nennen die Psychologen das. Es ist bekannt, dass Männer mit Drohgebärden und aggressivem Auftreten Angst machen wollen, weil sie selbst Angst haben. Sie handeln wie jener getretene Hund, der aus Angst davor, nochmal getreten zu werden, vorsorglich bellt und mit den Zähnen fletscht. Unsere Gesellschaft toleriert es eher, dass Männer toben als Frauen. Tobt ein Mann, wird er für dynamisch gehalten, tobt eine Frau, ist sie hysterisch. Angst verbirgt sich auch hinter Zwangshandlungen. Wer sich getrieben fühlt, ständig nachzuschauen, ob die Tür verschlossen, der Wasserhahn zugedreht und das Licht aus ist, gibt lediglich einer diffusen Angst vor dem Kontrollverlust nach. Er muss sein ganzes Leben streng strukturieren und unter Kontrolle halten, sonst verliert er sich in seinen Gefühlen. Und das macht ihm fürchterliche Angst. Gerade derjenige, der seine Schwächen nicht angenommen hat, will immer stark sein, wenigstens so wirken. Deshalb plustert er sich auf, kleidet sich vielleicht noch entsprechend martialisch: Stiefel, Nietenbänder, Leder. Mit quietschenden Reifen braust er davon; er muss laut sein, damit nicht die tiefsitzende Angst hochkommt. Der Lärm ist besonderer Ausdruck einer existentiellen Angst, die übertönt werden muss. Deshalb kann der Ängstliche die Stille kaum ertragen. Nicht jeder Schwächling tritt so auf. Andere ziehen sich zurück und bleiben ein Leben lang im Schatten des großen Bruders, des starken Freundes.

Woher kommt die Angst?

Abgesehen von einer hormonellen Störung oder von unfallbedingten Gehirnschäden, die Angstattacken auslösen können, liegen die meisten Ursachen in einer gelernten Überanpassung. Manchmal liegen auch seelische Schocks zugrunde, etwa eine Vergewaltigung, das Erlebnis einer Katastrophe oder eine Nabelschnurverwicklung hei der Geburt. Wer als junger Mensch nie so sein durfte, wie er sein wollte, wer also stets erdrückt oder mit Überfürsorglichkeit abhängig gemacht wurde, bekommt sehr bald unterschiedliche Angstgefühle. Vorrangig ist dabei die Angst vor dem Liebesentzug. Es ist erschreckend, wie viele Menschen Angst vor einem bedrohlichen Gott haben. Dieses falsche Gottesbild ist erworben in einer entsprechenden Erfahrung der Elternbilder. Wer mit Gott droht, wer mit Liebesentzug gefügig machen will oder eine unberechenbare Kontrasterziehung (Zuckerbrot und Peitsche) praktiziert, muss sich nicht wundern, wenn Angst vor dem Lebenswagnis entsteht. Doch wer vor Gott Angst hat, hat ihn noch nicht erfahren. Die Angst wird kleiner, wenn der Mensch eine sinnvolle Aufgabe hat, einen vernünftigen Lebenssinn und ein angemessenes Gefordertsein. Wer ein Warum zu leben hat, erträgt fast jedes Wie, sagte Nietzsche. Wo hingegen alles infrage gestellt wird, wo kein liebender personaler Gott mehr trägt und die menschliche Zuwendung von der erbrachten Leistung abhängt, hat man Grund genug, in Ängste zu fallen.

Wie lässt sich die Angst bewältigen?

In der Erzählung »Die Letzte am Schafott« von Gertrud von Le Fort wird die Todesangst der Schwester Marie de la Blanche geschildert. Sie ist verzweifelt und in Panik angesichts der bevorstehenden Hinrichtung. Dann plötzlich geschieht das Wunder: Als letzte Nonne schreitet sie singend zur Hinrichtung, voller Ruhe und Gelassenheit. Dies war nur möglich, weil sie sich in die Gegenwart Gottes versenkte und sich ihm ganz auslieferte. Auch Jesus hatte Angst. Am Ölberg. Er lieferte sich seinem Vater aus und tat das, was heute noch Verhaltenstherapeuten raten: auf die Angst zugehen, sich mit dem Judas in mir konfrontieren. In der Tat ist die Flucht nach vorn die beste Methode, die Angst in den Griff zu kriegen. Sie geht dadurch nicht unbedingt weg, aber sie beherrscht mich nicht mehr. Denn jede Angst, die mein Leben in unsinniger Weise eingeht, beruht auf einer Lüge. Sie will mir vorgaukeln, dass ich ausgelacht werde, wenn etwas schief geht; dass ich Zuwendung verliere, wenn ich Schwächen zeige; dass ich perfekt und stark sein muss, um geliebt zu werden; dass Gott mich strafen wird, wenn ich schuldig geworden bin; und dass ich keine Lebensberechtigung habe, wenn ich auf der ganzen Linie versagt habe. Es ist hilfreich, sich selbst und auch anderen Angst einzugestehen. Denn keiner ist frei von ihr. Dann ist es wichtig, alles durchzuspielen, was tatsächlich passieren könnte, wenn ich das täte, was mir Angst macht. Verliere ich wirklich die Zuneigung eines Menschen? Dann hat er mich nie geliebt! Werde ich wirklich ausgelacht? Dann verrät der andere seine eigene Unsicherheit und Angst. Falle ich wirklich in der Kirche um? Dann kommen andere zu Hilfe. Erklärt mich der andere für schuldig, wenn ich etwas falsch gemacht habe? Dann frage ich ihn, ob er selbst noch nie etwas falsch gemacht hat. Gewiss ist es mitunter erforderlich, mehr Konfliktfähigkeit und Lebensmut zu entwickeln. Wer nie etwas wagt, macht nicht viel falsch, gewinnt aber auch nichts. Allein die ständige Erfahrung, dass nicht das eintritt, was die Angst mir einzureden versucht, stärkt das Vertrauen.

Es gibt kein Leben ohne Angst

Jesus wies darauf hin, dass wir in dieser Welt Angst haben. Es wäre also eine Illusion, etwas anderes zu glauben und vorzugeben, keine Angst zu haben. Sie ist eine Spiegelung unserer Abhängigkeit und des Wissens um die Sterblichkeit. Deshalb konnte Jesus nach der Auferstehung sagen, dass er die Angst überwunden hat. Was die Angst in Schach hält und kleiner macht, sind ihre Gegenkräfte: Mut, Vertrauen, Hoffnung, Demut, Glaube, Liebe. Manchmal kann die Angst auch zur Aktivität treiben. In Gefahren wachsen Menschen über sich hinaus und bewältigen Aufgaben, die sie sonst nicht bewältigen könnten. Mit jeder Lebensphase sind neue Ängste verbunden. Letztlich lassen sich alle Ängste auf vier Grundformen begrenzen: die Angst vor der Selbsthingabe, sie wird als Ich-Verlust und Abhängigkeit erlebt; die Angst vor der Selbstwerdung, die als Ungeborgenheit und Isolierung empfunden wird; die Angst vor der Wandlung, die sich in der Vergänglichkeit und Unsicherheit ausdrückt; schließlich die Angst vor der Notwendigkeit, die als Endgültigkeit und Unfreiheit erlebt wird. Von der Konstitution und Erziehung hängt es ab, welche Ängste bei dem Einzelnen im Vordergrund stehen. Allein der Appell an den Willen, keine Angst haben zu sollen, nutzt gar nichts; denn Angst ist im Unterschied zur Furcht stets abstrakt und irrational. Vielen hilft es schon, wenn sie darüber sprechen können, ohne Angst haben zu müssen, ausgelacht und mit billigen Vertröstungen abgespeist zu werden.

Letztlich gilt immer noch die Ölberg-Therapie: »Auf, lasst uns entgegengehen, Judas naht.«

Es ist ein hartes Los, eine Niete zu sein

Wer hat nicht schon einmal Pechsträhnen gehabt? Und wer kennt nicht Menschen, denen alles schwer von der Hand geht und die mit ihrem Schicksal hadern? Sind es die Sterne? Ist es der Biorhythmus? Liegt es am Charakter oder gar an der mangelnden Intelligenz? Ist es vielleicht der Stoffwechsel oder gar ein Fluch?

Ein junger Mann klagt über ständige berufliche Hürden und Misserfolge; bereits siebenmal wechselte er den Arbeitsplatz, dreimal ließ er sich umschulen. Er merkte nicht, dass er unrealistische Erwartungen an sich selber hatte und so seinen Frust programmierte. Er jagte von einer Idee zur anderen, völlig abgehoben. Seine Vorstellungen entsprachen in keiner Weise seinem Wesen und seinen Fähigkeiten.

Überhöhte Erwartungen an das Leben . . .
sind häufige Ursachen für derartige Misserfolge und Pechsträhnen. Solche Unglücksraben nehmen ihre Grenzen nicht wahr. Der junge Mann war auf ein gewisses Verhaltensmuster festgelegt, hatte zweifellos genügend Sitzfleisch und ein gutes Gedächtnis, aber keine Flexibilität. Seine Stärke lag im Ausführen vorgegebener Aufgaben, nicht in der eigenverantwortlichen Tätigkeit.

Manche Ehe geht kaputt, weil ein Partner zu viel vom anderen erwartet. Statt Kompromisse zu schließen und die jeweiligen Eigenarten zu tolerieren, suchen sie entweder alle Erwartungen des anderen zu erfüllen oder glücklich gemacht zu werden.

So etwas überfordert beide Seiten und führt rasch zu einem Desaster. Und immer wieder kommt es dann mit diesem alten Muster in neuen Beziehungen zu demselben Scherbenhaufen.

Es gibt Ehen, die leiden darunter, dass ein Partner aus Angst vor Zärtlichkeiten eine Art von distanzierter Selbstbewahrung übt, die als Gleichgültigkeit ausgelegt wird. Jeder Versuch körperlicher Annäherung geht schief. Aus Angst vor seelischer Vereinnahmung werden Schranken errichtet. Viele Streitigkeiten werden wegen Bagatellen angezettelt, weil man sich im allgemeinen Ehedebakel wohler fühlt als im zärtlichen Miteinander.

Unbewusste Selbstbestrafungen . . .
sind weitere typische Hintergründe für das Misslingen des eigenen Lebens. Eine Frau klagt unter gesundheitlichen Problemen; die Ärzte haben erfolglos an ihr herumgedoktert. Ehe, Beruf und soziale Beziehungen leiden darunter. Immer wieder treten neue vegetative Störungen auf, sodass man ihr schließlich zu einer Psychotherapie rät. Nach einem längeren Gespräch wird deutlich, dass sie immer schon zu einem depressiven, selbstzerstörerischen Denken neigte. Als Kind fügte sie sich körperliche Verletzungen zu, um sich so das Gefühl der Existenz zu verschaffen. Und immer, wenn sich potenzielle Partner näherten, verhielt sie sich abweisend, sodass bald niemand mehr Interesse für sie zeigte. Sie hielt sich für unwert, wusste stets voraus, dass ja »eh alles schief gehen wird«. In dieser Selbstabwertung sabotierte sie unbewusst ihre eigenen

Lebensziele, meinte aber zuletzt, dass Gott sie wohl für ihre Sünden strafe und dass gar eine Verfluchung vorliege.

Derartige Denkmuster sind weiter verbreitet, als man denkt. Negative Erwartungshaltung paart sich bei religiösen Menschen allzu oft mit dem Gedanken, Gott gönne ihnen das Leben nicht, weil sie Sünder sind. Und so kommt es bei den einen zu einer resignierten Schicksalsergebenheit, bei den anderen zu einer Selbstbestrafung.

Ich-schwache Menschen ...
stoßen immer wieder an die Grenzen des Machbaren dort, wo andere ganz selbstverständlich ihr Ziel erreichen. Geringe Selbstachtung verbindet sich meist mit einem ungeheuren Liebeshunger, der nie gestillt werden kann. So kommt es zu einer gefährlichen Verbindung von Riesenerwartung und Bequemlichkeit.

Ein Vater, der seine Autorität wanken sieht, ermahnt seinen Sohn zum Respekt in einem Ton, der sein Ansehen vollends zerstört. Der Ängstliche gerät in Abhängigkeit von jenen, die ihm Liebe bezeugen. Und diese Abhängigkeit macht seine Angst noch stärker. Sogar die Intelligenz leidet darunter: Es ist bekannt, dass illusionäre Erwartungen an das Leben, dass Ängste und verdrängte Aggressionen sowie blockierte Bedürfnisse die Intelligenz herabsetzen. Man spricht von einer affektiven Denkblockade. Pechvögel und Unglücksraben müssen aufpassen, dass sie nicht in diesen gefährlichen Sog geraten: »Mir gelingt gar nichts!« – »Das kann auch nur mir passieren!« – »Ich bin aber auch für alles zu blöd!« – »Das schaffe ich sowieso nicht!« usw.

Mangelhafte Nervenverbindungen ...
in der vorderen Gehirnrinde vermindern die Fähigkeit, aus Schaden klug zu werden. Das stellte man an der medizinischen Fakultät in Iowa fest. Schwere Vorderschädelverletzungen haben zu dieser Erkenntnis beigetragen. Die armen Betroffenen treten immer wieder ins Fettnäpfchen oder erleiden regelmäßig Niederlagen, sind aber nicht fähig, daraus zu lernen. Sie gelten als »Enfant terrible«.

Zum Glück kommen diese Fälle selten vor. Häufiger sind jene, die schwache Nerven haben und dadurch unnötige Scherbenhaufen produzieren. Die Gründe sind verschiedener Art: Stress, Aufregung, Krankheit, Ängste (etwa auch die bekannte sich selbst erfüllende Prophezeiung, die sogenannte Erwartungsangst), mangelndes Selbstvertrauen.

Die Sterne sind dabei völlig schnuppe . . .

wenn es um die Schuldzuweisung geht. Experimente zeigten wiederholt die Nutzlosigkeit und Bedeutungslosigkeit von bestimmten Gestirnskonstellationen, auch wenn immer noch große Konzerne ihre wichtigen Entscheidungen nach den Sternen ausrichten und sich astrologische Gutachten einholen. Nicht weil Saturn und Jupiter mit dem Mars fast kollidierten, kam es zum Autounfall, sondern weil der Autofahrer eingeschlafen war. Er schlief ein, weil er pausenlos hinterm Steuer saß. Er machte keine Pause, weil er den versprochenen Zeitbonus kassieren wollte.

Kürzlich rief ein Mann an, dem eine Zigeunerin aus der Hand gelesen hatte. Sie behauptete, ein Fluch läge auf ihm, den sie selber für einen gewissen Geldbetrag aufheben könne. Prompt fiel er auf diesen Trick herein. Seitdem geht es ihm schlecht: Die Finanzen stimmen nicht mehr, die Kundschaft bleibt weg, die Ehe zerfällt. Fluch? Erwartungshaltung? Sterne? Selbstzerstörerische Mechanismen? Selektive Wahrnehmung? Hier können sich viele Faktoren mischen. Da er mich händeringend um Hilfe bat, formulierte ich ein entsprechendes Gebet. Jetzt geht es ihm besser. Gibt es eine Erklärung für seine Scherben? Sicherlich! Aber ich wage nicht, eine eindeutige Ursache zu benennen. Das Leben ist zu komplex.

Bringen Scherben Glück?

Manchmal schon. Wir sollten aus unseren Unglücken lernen. Es geht nicht darum, den Kopf in den Sand zu stecken, sondern eine »Krisenbesprechung« zu machen, mögliche Gründe für das Desaster zu finden und Konsequenzen zu ziehen. Krisen, Krach und Krankheiten können auch zu einer stärkeren Konfliktbefähigung und höheren Frustrationstoleranz führen.

Aus Schaden wird man klug, sagt der Volksmund. Vorausgesetzt, es liegt kein Vorderschädeltrauma vor.

Von der Lust zu pilgern

»Die viel wallfahren, gelangen selten zur Heiligkeit«, sagte Thomas von Kempen und teilte seine Bedenken mit dem Kirchenlehrer Gregor von Nyssa. Man sah sehr wohl auch die Missbräuche. Waren es damals sittliche Bedenken – manche Frau endete auf der weiten Strecke als Dirne –, so ist heute festzustellen, dass der Charakter der Wallfahrt zu oft durch touristische Neugier verstellt wird. Dennoch: Wallfahrt ist wieder lebendiger Ausdruck von Glaube und Kirche, zumindest von Suche danach.

Bei einem Jugendfestival in Medjugorje, zu dem immer einige Tausende pilgern, fragte ich Jugendliche nach dem Grund ihrer Reise. »Hier kann man noch Gemeinschaft erleben, gemeinsames Beten und Singen.« – »Ehrlich gesagt, ich bin hierher gekommen, weil ich eine Freundin suche, die meinen Glauben teilt.« – »Ich finde das hier echt stark, wie man Gebet und Spaß verbindet; nicht so steif und künstlich getrennt wie zu Hause.« – »Hier kann ich auftanken und einen neuen Zugang zu Gott finden.« – »Wenn ich hier mit dem Rosenkranz in der Hand durch die Straßen laufe, schaut mich keiner blöd an. Zu Hause wirst du gleich als belämmert eingestuft oder als Frömmler.« – »Ich stehe vor einer wichtigen Entscheidung und möchte hier von Gott Hilfe erbitten. Außerdem macht es mir viel mehr Spaß, weil ich hier Gemeinschaft erlebe, viele Leute kennen lerne.«

Zweifellos legen junge Menschen mehr Wert auf das Erleben der Gemeinschaft als die Erwachsenen. Sie sind meist noch auf der Suche nach einer spirituellen Identität und brauchen Verstärkung, auch Korrektur, durch Gleichgesinnte. Einheit macht stark.

Im Anfang steht ein Anliegen

Die Erfahrung, dass Gottes Wirken an besonderen Orten spürbarer zu sein scheint, motiviert den Menschen, an dieser Stätte seine Bitten vorzutragen. Hier erwartet er mehr Hilfe als zu Hause, obgleich Gott auch dort anwesend ist. Der Hinweis, dass an besonderen Orten besondere Gnaden gewährt werden, stammt letztlich von der Gottesmutter selbst, die in Lourdes und an vielen anderen bekannten Wallfahrtsorten bemerkte: »Wer hierhin kommt und betet (oder: Wer von dieser Quelle trinkt . . .), dem gewähre ich besondere Gnaden.« Es spricht sich rasch herum, wo sich Heilungen vollziehen und Gebete erhört werden. So ist die Not das erste Motiv, sich an jene ausgesuchten Orte zu begeben in der Hoffnung, Erhörung zu finden.

Viele wollen nur danken

Als Schüler hatte ich große Nöte mit dem Lernen. So bat ich den hl. Pfarrer von Ars um Beistand; auch er tat sich schwer mit der Schule, und so wählte ich ihn zum Fürsprecher bei Gott. Ich versprach ihm im Fall erfolgreicher Studienabschlüsse einen Besuch in Ars, um mich zu bedanken. Viele Pilger haben das Bedürfnis, durch Votivgaben die Erfüllung ihres Anliegens deutlich zu machen und auch anderen mitzuteilen. Wir wissen von zahlreichen Kriegsheimkehrern, dass sie zum Dank für ihre Rettung eine Kapelle erbauten oder eine Fußwallfahrt unternahmen.

Manche tun es als Buße

In Fatima beobachtete ich eine junge Frau, die auf den Knien rutschend siebenmal die Kapelle umkreiste. Danach verharrte sie mit erhobenen Händen sehr lange vor der Marienstatue. Dasselbe machten auch andere Pilger. Viele Pilgergruppen legen den Weg von ihrer Heimat nach Santiago de Compostella in Nordspanien zu Fuß oder per Rad zurück, wobei sie die Strapazen im Sinn einer Buße auf sich nehmen. Sie wollen gereinigten Herzens ankommen, hauptsächlich um für Gottes Wirken am Menschen empfänglicher zu sein, aber auch um eine symbolische Wiedergutmachung für ihre moralischen Verfehlungen zu leisten. Die Frühkirche kannte ein solches Pilgermotiv noch nicht; erst nachdem sich im Mittelalter eine Bußordnung entwickelt hatte, trat dieser Gedanke auf. Heute ist die Notwendigkeit der Buße und Umkehr ein dringliches Anliegen der Gottesmutter; und viele Menschen wollen ihre Wallfahrt genau in diesem Sinn verstanden haben.

Gemeinsames Beten und Erleben

Gerade junge Menschen suchen die Nähe Gleichgesinnter. Sie erfahren »Kirche« im eigentlichen Sinn als »Versammlung der Heiligen«. Und weil an Wallfahrtsorten internationale Begegnung stattfindet, trägt sie auch zur Versöhnung und Einheit bei, zum besseren Verständnis untereinander. Während die Alten sich eher an die klassischen Ziele Lourdes, Fatima und Banneux halten, suchen die Jungen die derzeit aktuellen Gebetsstätten aus: z.B. Medjugorje. Die Gruppe Immanuel hat Altötting entdeckt, wo sie alljährlich im August ein Jugendtreffen organisiert. Und jetzt natürlich Rom. Nicht nur als Stätte des Christentums, sondern diesmal auch als Wirkungsort dieses Papstes Carol Woityla, der mehr jugendliche Fans anzieht als Michael Jackson.

Das Beten geht ungehemmter und emotionaler

Nirgendwo wird mehr geweint und mit Leib und Seele gebetet als an solchen heiligen Orten. Man tut es und kann es ungeniert. Kein schiefer Blick ist anzutreffen, keine spöttische Bemerkung zu hören. Urlaub für die Seele. Schon allein das vermag Heilung und Befreiung zu schenken. In diesem Miteinander und Füreinander können neue Freundschaften entstehen. Ich kenne drei junge Leute, die dort ihren Lebenspartner gefunden haben. Ich kenne aber auch zwei Verlobte, die sich trennten, weil sie beide ihre Berufung zum Ordensleben erhalten haben: Er wurde Franziskaner, sie wurde Franziskanerin. An solchen heiligen Orten kommen auch die Schatten der Seele hoch: Belastungen, Ängste und Schuld, bittere Erkenntnisse. Dies weckt bei vielen den Wunsch nach Umkehr und Versöhnung, eine der wichtigsten geistlichen Früchte, an denen die Echtheit der Spiritualität gemessen wird.

Die Suche nach Gott in mir

Wer will seine verborgenen Motive schon so genau wissen? Mag am Anfang die Neugier stehen oder auch nur eine sportliche Leistung, so kann, am Ziel angelangt, die eigentliche Suche erst beginnen.

Betroffen von der heiteren Frömmigkeit der einen und angerührt von der selbstvergessenen Hingabe anderer, wird so mancher zurückgeworfen auf Fragen, die bislang im Lärm des Alltags untergingen: Was will Gott von mir? Hört er mich überhaupt? Um was soll ich bitten? Wo muss ich mein Leben ändern? Woran hing mein Herz bislang? Wie soll es mit mir weitergehen?

Fragen über Fragen stürzen auf den Pilger ein. Da braucht es während der Pilgerreise und auch hinterher zu Hause noch gute Begleiter und Ratgeber. Doch sie sind rar. Ich werde alljährlich von Jugendlichen als geistlicher Begleiter angefragt; das mache ich gern, zumal ich selbst von den jungen Christen viel lernen kann.

Nicht alle können beten

Pilgerorte haben nicht nur Anziehendes; sie haben auch viel Ablenkendes. Nicht jeder vermag sich in überfüllten Kirchen auf Gott zu konzentrieren. Da kann einer, der zu laut singt oder vor sich hinweint oder aufschreit, stören. Dann wieder sieht man Bekannte, alte Freunde; plötzlich flippt jemand aus und bekommt einen Tobsuchtsanfall . . . Zu vieles irritiert, macht die Versenkung zunichte. Einsame Plätze zum persönlichen Gebet sind rar. So kommen die gemeinsamen Gesänge und Gebete gerade recht, um sich im Strom der versammelten Pilger mittragen zu lassen. Vielleicht bleibt am Abend oder in der Ruhe des Mittags noch etwas Zeit, im Abseits der sich drängenden Menschenmenge seine ganz persönliche Audienz bei Gott zu holen . . .

Rom – Chiffre für sehr persönliche Ziele

Ob Rom, ob Lourdes, ob Medjugorje, ob Altötting oder ein Bergkreuz im Nachbarort, es geht letztlich um die Begegnung mit dem göttlichen Geist. Wer in Gruppen pilgert, sucht auch das Erleben von Gemeinschaft, will Glauben und Glaubensnot teilen, sucht Orientierung. Mancher will sich anstecken lassen von der unbefangenen Frömmigkeit des anderen, mancher sucht unbewusst seine eigene Mitte, will seine physischen, geistlichen oder sozialen Grenzen kennen lernen.

Wer sich allerdings von großen Touristikunternehmen organisieren lässt, wird vielleicht den symbolischen Charakter, der einer Wallfahrt zu Eigen ist, einbüßen. Derzeit wächst das Interesse an Fußwallfahrten wieder. Es ist nicht auszuschließen, dass mancher dabei nur an seine Gesundheit denkt und die Pilgerreise zu einer sportlichen Freizeitbeschäftigung macht. Irgendwann aber wird er mitgerissen von den Gesängen und Gebeten, von einer Atmosphäre, die er zu Hause nicht festhalten kann, und von der Erkenntnis, dass wir ein Leben lang unterwegs sind. Unterwegs zu Gott.

Muss der Himmel verdient werden?

Das Telefon läutet. Eine Mutter klagt ihr Leid: »Herr Pater, was soll ich machen? Meine Kinder und Enkelkinder sind aus der Kirche ausgetreten. Ich bin verzweifelt; alles Zureden hilft nichts. Was habe ich schon alles gebetet! Bitte sagen Sie mir, was ich tun soll. Ich habe Angst, dass meine Kinder verloren sind. Es ist die Hölle, was ich zur Zeit durchmache.« Und dann schiebt sie noch einmal ihre große Sorge nach: »Sagen Sie mir, Herr Pater, sind meine Kinder verloren?«

Anrufe dieser Art erreichen mich nicht immer, aber immer öfter. Gerade fromme Christen älteren Datums fallen schier in Verzweiflung, wenn Familienangehörige von der Kirche nichts wissen wollen, wenn sie einen lockeren Lebenswandel führen oder wenn sie unversöhnt plötzlich sterben. Viele fühlen sich verantwortlich und wollen mit großen Sühnetaten, mit einem enormen Gebetsaufwand die Bekehrung herbeiführen. Sie leisten viele Opfer in der Absicht, Gott gnädig zu stimmen und die Ungläubigen zur Einsicht bringen zu wollen.

Ich habe der besorgten Mutter am Telefon geantwortet, dass sie nichts Großartiges zu tun brauche, sondern das Kleine artig. Sie muss sich weder verantwortlich fühlen für die Entscheidung ihrer Kinder noch Buße tun, damit Gott gnädig wird. Es reicht, die Opfer des normalen Alltags zu erbringen, d.h. im Hinblick auf Gottes Barmherzigkeit seine Pflichten zu erfüllen. Natürlich ist die Fürsorge und Fürbitte berechtigt, und selbstverständlich kann sie für ihre Kinder zusätzliche Gebete oder Fasttage einlegen. Sie muss aber bei all dem nicht verzweifeln; sie darf auf die Kraft des stellvertretenden Glaubens hoffen, ähnlich den vier Freunden, die für den Gelähmten die Heilung erbaten und erhielten.

Das Problem besteht nicht im Liebesdienst zusätzlicher religiöser Leistungen, die durchaus ihren Sinn haben, sondern in der Übertreibung des Guten, was keinen inneren Frieden hervorruft.

Was zählt, ist das Vertrauen

Ein Christ will auf die Leistung bauen; er traut der Gnade nicht, o Graus! Und gleicht den Mangel an Vertrauen durch ein Zuviel an Opfern aus.

Wir müssen nicht in eigener Regie den Glauben machen, wir brauchen ihn nur zu leben, auch stellvertretend für andere. Der Verbrecher zur rechten Seite Jesu wurde rehabilitiert, ohne dass er eine fromme Tat vorzuweisen hatte. Jedoch seine Reue reichte aus, um unverdientermaßen in das Reich Gottes zu kommen. Niemand von uns weiß um die verborgenen Liebestaten im Leben anderer, um deren versteckte Sehnsucht nach Gott.

Will Gott fromme Leistungen?

Paulus weist ständig auf die Wichtigkeit guter Werke hin (Röm 2,7; 2. Kor 11,15; 1. Tim 2,10 usw.). Die Eintrittskarte in den Himmel ist nicht die Taufe an sich, auch nicht fromme Gebete, auch nicht die Zugehörigkeit zur Kirche, aber auch nicht die guten Werke allein. Zunächst einmal verdanken wir unser Heil allein der Lebenshingabe Jesu. Darüber hinaus weist Jesus darauf hin, dass »jeder, der den Willen meines Vaters tut«, geheiligt wird. Worin besteht nun der Wille seines Vaters? Nun, kurz gesagt: in der Verwirklichung der Liebe.

Wer in die Kirche geht und auf Gesetze achtet, aber die Liebe nicht hat, trägt keine Frucht. Wer sich beispielsweise in einem unmoralischen Lebenswandel verheddert hat, aus dem er so leicht nicht mehr rauskommt, z.B. eine Prostituierte, sich aber an die Brust schlägt im Vertrauen auf Gottes Erbarmen, hat sein Heil sicher nicht verwirkt.

Wer andererseits »gute Werke« tut, etwa großzügige Spenden gibt, gleichzeitig jedoch in einem Zustand der gelebten Kriminalität und Menschenverachtung aus purem Egoismus verharrt (z.B. ein Mafioso), kann sich vor Gott kaum auf seine großzügigen Spenden berufen. Und dennoch: Niemand vermag etwas über das Seelenheil der Menschen zu sagen, weil sich Entscheidendes noch ereignen kann in den letzten geheimsten Lebensminuten des Betreffenden. Gott schenkt jedem genug Chancen zur Einsicht und Reue. Und diese Reue ist es, die das Tor zum göttlichen Leben öffnet, und zwar allein auf Grund der Verdienste Jesu.

Es ist denkbar, dass so mancher Ungläubige einen plötzlichen Wandel vollzieht aufgrund unbekannter Fürsprecher und stellvertretender Fürbeter. Dieses Geheimnis des Glaubens sollte jedes Herz mit Dankbarkeit und Frieden erfüllen. Es geht also nicht um Verdienen; es geht um Gewinnen. Möglich ist es aber, dass Einzelne in einem persönlichen Anruf Gottes sich berufen fühlen, für andere ihr Leben, ihre Krankheit, ihren Tod aufzuopfern. Doch auch diese »Leistung« wird getragen durch die Heilstat Jesu, ohne die überhaupt keine menschliche Tat ausreichen würde, sich den Himmel zu sichern. Weshalb Gott einzelne Menschen beruft, »das zu ergänzen, was am Leiden Jesu noch fehlt« (Kol 1,24), bleibt ein Rätsel.

Gott will ein demütiges Herz

Nach Psalm 51 will Gott »keine Opfer, (sondern) ein reuiges und demütiges Herz«. Es ist schwerer, ein Leben lang demütig zu sein, als immer wieder mal große Dinge zu tun, etwa mühevolle Wallfahrten oder heroische Versprechungen. Immer dann, wenn fromme Leistungen aggressiv und gereizt machen, kommen sie nicht vom hl. Geist. Übertreibungen, Hektik, Maßlosigkeit, kleinliches und ängstliches Aufopfern kann niemals im Sinn Gottes sein. Ich erlebe mitunter sehr unerlöste Christen, die sich nichts mehr gönnen und das Leben nicht leben, weil sie ihren Gott besänftigen möchten. Dahinter verbirgt sich eine verbogene, heidnische Gottesvorstellung. Es ist schwieriger, Vertrauen zu zeigen, als tolle Leistungen zu erbringen.

Wie sicher ist mir der Himmel?
Er ist mir sicherer als die Hölle. Weil die größten Sünden vor Gottes Barmherzigkeit wie Sandkörnchen sind, so der hl. Pfarrer von Ars. Die Kirche hat stets bestimmte Menschen heilig, aber noch nie jemanden verdammt gesprochen. Die Hölle ist die freigewählte Gottesferne und beginnt schon auf Erden. Sie ist der »Ort« der Gerechtigkeit (der logischen Konsequenz), während die Erde das Kreuz bedeutet und der Himmel die reinste Gnade. Wer Gott die Vollmacht erteilt, sich um ihn zu kümmern, wer ihn als Anwalt benennt, steht im Glauben. Der Glaube ist ein Türöffner.

Sicherheit gibt mir allein das Wirken Jesu, das auf eine enorme Barmherzigkeit schließen lässt, die ich auch für andere erbitten darf. Und wenn ich diese Bitte mit Fasten und guten Werken bekräftige, darf ich guten Mutes sein. Der besorgten Mutter gab ich zuletzt ein Wort des hl. Pfarrers von Ars mit: »Es ist fast unmöglich, in die Hölle zu kommen, weil Gott einfach zu barmherzig ist.«

Wie viel Sicherheit braucht der Mensch?

Ein kleiner Junge musste operiert werden. Sein Vater hatte ihn ins Krankenhaus gebracht. »Papa, wenn du da bist, habe ich keine Angst«, sagte er. Nach Verabreichung der Narkose schickte der Arzt den Vater nach Hause. »Nein«, sagte der Vater, »ich habe dem Jungen versprochen, bei ihm zu bleiben.«

Als der Bub aus der Narkose erwachte, hielt der Vater seine Hand. Der Junge lächelte, sagte: »du bist da«, und schlief wieder ein.

Wie treu ist unsere Treue?
Vertrauen hat viel mit Selbstsicherheit zu tun. Und Selbstsicherheit ist das Ergebnis positiver Erfahrungen. Glaubwürdige Erzieher vermitteln dem Kind ein Gefühl von Sicherheit. Stehen die Vorgesetzten zu ihrem Wort? Reden und handeln sie ehrlich? Wäre der Vater auf Anraten des Arztes wirklich nach Hause gegangen, hätte dieses Erlebnis für den Jungen zu einem Vertrauensverlust führen können. Was zählt, sind vor allem die Erfahrungen in den Jahren der Kindheit; hier ist die Verwundbarkeit besonders groß. Psychotherapeuten, Priester und Telefonseelsorger werden täglich mit seelisch verwundeten Menschen konfrontiert, deren Ängste oder Zwänge auf einen Vertrauensmangel zurückzuführen sind. Wo immer Eltern in den Tagebüchern ihrer Kinder schnüffeln, Zusagen nicht eingehalten werden, Fehlverhalten oder schlechte Leistungen mit Liebesentzug, Schweigen oder Schlägen bestraft werden, kann keine Selbstsicherheit wachsen. Da kann sogar der Appell an die Führung Gottes zu einem geworfenen Stein werden.

Die Zeiten sind unsicher geworden
Trotz enormer Fortschritte in Technik und Medizin lässt sich kein wachsendes Vertrauen bei den Menschen feststellen. Im zwischenmenschlichen Bereich scheint der Vertrauensvorschuss vollends verschwunden zu sein. Mündliche Zusicherungen haben keinen Rechtsbestand. Es wird größter Wert auf doppelte Absicherung gelegt durch Formulare, notariell beglaubigte Dokumente, Garantiescheine, Zertifikate, Versicherungspolicen, und wenn das alles nicht genügt, müssen die Sterne befragt werden. Regelmäßige Meldungen von Umweltkatastrophen, ICE-Entgleisungen, Flugzeugabstürzen, Sexualdelikten, Amokläufen und Entführungen haben neue Ängste geschürt, die mit dem Glauben an Gottes Beistand kaum mehr zugedeckt werden können, allenfalls in eine trotzige Schicksalsergebenheit münden. Mit dem Fortschritt der technologi-

schen und medizinischen Machbarkeit unserer Welt wird Gott überflüssig. Jetzt vermag der Mensch in die Schöpfung einzugreifen, erlebt aber zugleich immer wieder gravierende Schlappen. Welchen Stellenwert hat da der persönliche Glaube an einen Gott? Paulus schreibt: »Weder Tod noch Leben können uns scheiden von der Liebe Gottes« (Röm 8,38 f.). Müsste man nicht ergänzen: »Weder technischer Fortschritt noch Rückfall können uns scheiden von der Liebe Gottes«?

Gibt der Glaube allein schon Sicherheit?

Ich meine nicht allein den religiösen Glauben. Es geht zunächst einmal um die moralische Gewissheit, die in der Erfahrung eines liebenden Menschen, in der Erfahrung meiner eigenen Fähigkeiten begründet liegt. Wie sollte ich einer größeren Bergtour, einer neuen beruflichen Aufgabe oder einer Partnerschaft gewachsen sein, wenn ich nicht an mich selber glauben kann? So etwas entsteht über Jahre hinweg. Vertrauen bedeutet auch Risiko, ein Risiko, das die eigene Verwundbarkeit steigert, da Vertrauen auf Rückversicherungen verzichtet. Der Glaubende und der Liebende liefern sich aus. Es gibt keine hundertprozentige Sicherheit. Selbst die Erfahrung, dass seit Milliarden von Jahren die Erde immer dieselbe Bahn zieht, kann morgen plötzlich ihr abruptes Ende haben. Immer handelt es sich »nur« um den Glauben, dass die Dinge morgen auch noch so sein mögen wie heute. Gott warnt uns vor einer falsch verstandenen Sicherheit. Er nennt den Bauern, der seine Scheunen erweitert und immer neue und größere Baupläne hegt, einen Narren, weil dieser nicht an die Möglichkeit seines Sterbens denkt (Lk 12,20). Wer den Worten und Taten Jesu Glauben schenkt, kann Wunder erleben. Wer die Dinge positiv zu sehen versucht, kann selbstsicherer werden. Denn was uns meist herunterzieht und Misserfolge heraufbeschwört, ist unser negatives Denken. Nichts kann so verhängnisvoll sein wie die Erwartungsangst. »Einem jedem geschehe so, wie er glaubt«, sagt Jesus. Wer an Gott, nicht aber auch an sich selbst glaubt, befindet sich in einer Schieflage. Wer nur an sich, nicht aber an Gott glaubt, hängt im Steilhang. Mehr als 15% der Bevölkerung machen sich den ganzen Tag Sorgen. Diese Sorgen produzieren eine Fülle emotional negativer Bilder; die Bilder erzeugen Angst. Ist erst einmal die Angst da, greift alles Zureden und Hinweisen auf Gott nicht mehr.

»Werft eure Sorgen auf mich«, empfielt Jesus. Lasst diese pessimistischen Grübeleien bereits im Ansatz verhungern. Gott kann uns entsorgen.

Kopfsprung ins unbekannte Gewässer?

Fortschritt ist nur möglich durch Wagnis. Dieses Wagnis sollte durch das Vertrauen in Gottes Führung und durch ein gesundes Selbstvertrauen abgedeckt sein, sonst pervertiert es zur Waghalsigkeit und Unvernunft. Es wäre tödlicher Leichtsinn, einen Kopfsprung in ein unbekanntes Gewässer zu machen oder ein Höhlenlabyrinth ohne Absicherungsseile zu begehen. Es muss ein Mindestmaß an Sicherheit geben, das nichts mit religiösem Misstrauen zu tun hat. Eine Mutter, die ihrem Sprössling nichts zutraut, weil sie selber Angst hat, führt ihren Sohn entweder in die Oppositon (»Jetzt erst recht!«) oder in die Resignation (»Das schaff ich nie!«). Deshalb ist der Vertrauensvorschuss der Erwachsenen, auch die Ermutigung zum Handeln für das Kind, wesentliche Voraussetzung zum Aufbau einer gewissen Selbstsicherheit. Wir lernen durch Versuch und Irrtum. Wo aber schon die Versuche abgeblockt und hinterher die Fehler bestraft werden, ist Lernen nicht möglich. Die Lebensfreude des Kindes verkümmert. Ich erschrecke immer wieder über den Mangel an Zivilcourage bei vielen Leuten, über den Mangel an Mut zum Neuen. Dahinter verbirgt sich die Angst vor Fehlern. Der Gedanke, was die anderen denken könnten, beherrscht diese Menschen. So leben sie ein Leben, das mit Jahren gefüllt ist, statt die Jahre mit Leben zu füllen. Ich stelle auch fest, dass solche Menschen im sportlichen Bereich wenig Selbstvertrauen haben bzw. gar keinen Sport treiben. Alles muss sich im mittleren, unauffälligen, abgesicherten Bereich vollziehen; nur kein Risiko eingehen. Man weiß ja nie. Es ist erwiesen, dass Sport treibende Menschen eine größere Selbstsicherheit besitzen, ebenso eine höhere Einsatzbereitschaft. Sie nehmen gewisse Risiken in Kauf und lernen auch zu verlieren.

Wie viel Sicherheit bräuchten wir?
Wir benötigen so viel Sicherheit, dass wir unser Leben kreativ gestalten können. Angst wird immer da sein; sie darf aber nicht beherrschend sein. Wo sie das Leben blockiert, bedarf sie einer Therapie. Wer ein Ziel, eine Vision hat und das nötige Minimum an Mut zur Blamage, wird in der Regel weiterkommen und eine bessere Lebensqualität verspüren. Er gehorcht zunächst einmal seiner inneren Stimme, der Intuition, ohne den Ausgang zu kennen. Doch sein Vertrauen trägt ihn. Gründet sich dieses Vertrauen auf Gott, vor allem aber auch auf langjährige gute Erfahrungen in Elternhaus und Schule, wird ihn kein Misserfolg und kein Angsteinjagen ernsthaft bedrohen können. Und wenn es denn schief geht, hat er etwas, was die Übervorsichtigen und Lebensangsthasen nicht haben: die Gewissheit, sein Leben gewagt zu haben, dem inneren Ruf gefolgt zu sein. Gott wird nicht so sehr durch die Vielzahl unserer Sünden beleidigt als vielmehr durch unser stetes, unterschwelliges Misstrauen ihm gegenüber.

Wenn Liebe nicht gelingt

Junge Menschen, aber auch auf sich selbst fixierte Personen, leiden oft unter einer eingebildeten Liebe. Kaum empfinden sie ein wenig sexuelle Anziehung und Gefühlsregung, so halten sie sich schon für Günstlinge der »großen Liebe«. Meist aber sind sie nur das kindische Spielzeug ihrer Einbildung. Bei den Männern ist solche Illusion gewöhnlich dann zerstört, wenn sie den Körper der Frau besessen haben, ohne die das Leben ihnen vorher noch sinnlos erschien. Bei der Frau wird diese Bindung oft erst durch den vollzogenen Geschlechtsakt hervorgerufen.

Zu hohe Erwartungen
Die Liebe muss und kann erlernt werden; denn die »Liebe auf den ersten Blick« neigt zur Verdrängung von nötigen Ausein-

andersetzungen. In dieser rosaroten Beziehung wird zunächst nur der attraktive Teil der Person gesehen und angehimmelt. Kommen dann die ersten Konflikte, beginnt der Sockel zu bröckeln, auf den die geliebte Person gestellt wurde. Verliebtheit sieht zu wenig, Eifersucht zu viel.

Zu hohe Erwartungen an den Partner trüben sehr schnell die Beziehung. Am Ende heißt es: »Du bist ja genauso wie die anderen!« Liebe muss also geübt werden; sie ist ein Austragen von Gegensätzen zwischen zwei Menschen, die trotz der Verschiedenheit nicht scheitern. Wahre Liebe weiß um diese Grenzen; sie ist tolerant, sucht Kompromisse und hütet sich davor, den anderen stets nach seinen eigenen Vorstellungen machen zu wollen. Dieses Andershabenwollen und die überhöhten Erwartungen an den Partner sind schuld daran, dass so viele Beziehungen kaputt gehen. Jede dritte Ehe wird in Deutschland geschieden; sie hält im statistischen Durchschnitt gerade mal 13 Jahre.

Fehlende Kommunikation

Ein weiterer Grund für das Misslingen einer so verheißungsvoll begonnenen Zweierbeziehung ist die Unfähigkeit zur offenen Aussprache. Wer verliebt ist, hat Angst vor dem Verlust des Partners. Er wird demzufolge Streit vermeiden wollen und allenfalls in verschlüsselter Weise seinen Ärger ausdrücken.

Ein reicher Geschäftsmann, in erster Ehe geschieden, heiratet eine um zehn Jahre jüngere Frau, in die er verliebt ist und die er schon seit zwölf Jahren kennt. Glühende Liebesbriefe werden ausgetauscht. Was sich so vielversprechend angebahnt hat, ist nach zwei Jahren Ehe zu Ende. In Tränen aufgelöst schildert die Frau, wie sie im »goldenen Käfig« behütet und verwöhnt, ja unselbstständig gemacht wurde. Schließlich flog sie aus und beschloss, sich erst einmal auf eigene Beine zu stellen. Obgleich sie sich so viele Jahre schon kannten, machte die Entwicklung in der Ehe einen Schritt in die falsche Richtung. Sie wagte nie, ihrem Mann, der für sie irgendwie auch Vater war, zu widersprechen. Als Kind durfte sie ihrem eigenen Vater auch nie widersprechen. Und der Mann seinerseits bekam so den Eindruck von einer zufriedenen Ehefrau, die er bei Geschäftspartys stets auf dem Präsentierteller zeigte. Er brauchte sie zur Hebung seines Selbstwertgefühls, das durch den Verlust der ersten Frau erheblich lädiert wurde. Die Frage sei gestattet, ob in dieser Beziehung je wahre Liebe eine Rolle spielte, ob nicht eine Art Affenliebe vorlag, eine vereinnahmende, erstickende Liebe, die bei Kindern sogar zu asthmatischen Erkrankungen führen kann.

Was ist Liebe?

Liebe ist ein schwer zu definierender Begriff. Der Apostel Paulus beschreibt sie durch Aufzählen verschiedener Eigenschaften: »Wer liebt, ist geduldig, gütig; er prahlt nicht und spielt sich nicht auf. Er verhält sich nicht taktlos, sucht nicht den eigenen Vorteil . . . trägt nicht nach, gibt niemals auf.« (1. Kor 13,4 ff.) Die gesunde Liebe ist nicht unbedingt wechselseitig. Das Wesentliche ist, zu lieben. Der Liebende ist auch dann nicht einsam, wenn seine Liebe unbeantwortet bleibt. Es gibt Menschen, die einen anderen jahrelang leidenschaftlich lieben, ohne jemals eine Erwiderung der Liebe zu erfahren.

Gefährlich ist eine Beziehung, die sich allein auf Äußerlichkeiten stützt, z.B. auf das Aussehen der Person oder auf Position und Reichtum. Sobald sich diese Dinge verändern, bleibt die Liebe auf der Strecke. Außerdem lebt der wegen seiner Äußerlichkeiten bevorzugte Mensch ständig unter dem Druck, diese körperliche und materielle Seite seines Daseins erhalten zu müssen, will er nicht eines Tages allein dastehen.

Gefährliche Wechseljahre

Es sind vornehmlich Männer um die 50 herum, die nach einer jüngeren Frau Ausschau halten, wenn die eigene ihrem optischen Geschmack nicht mehr entspricht. Einerseits wollen sie die Ehefrau nicht verlieren, andererseits auf eine Geliebte nicht verzichten. So jonglieren sie durchs Leben und versuchen ihre Schuldgefühle der Ehefrau gegenüber mit finanzieller Großzügigkeit wettzumachen. Nicht selten verlassen sie aber auch ihre Frau, wobei ihre Gründe einer Prüfung kaum standhalten.

Überraschend ist, wie viele Leute sich einbilden, einen bestimmten Menschen zu lieben. Tatsächlich spielt die eingebildete Liebe eine größere Rolle, als wir uns zugestehen möchten. Doch muss das nicht automatisch in einem Desaster enden; denn Liebe lässt sich lernen. Man kann einen Menschen für sich gewinnen, indem man sich ganz bewusst auf seine positiven Seiten konzentriert und seine Liebenswürdigkeit herausfindet.

Frauen lieben anders

Männer und Frauen lieben unterschiedlich, was auf unterschiedliche Erziehung und Lebensweise, aber auch auf die je eigene Art der Psyche zurückzuführen ist. Die Erfahrung zeigt, dass Frauen ihren Akzent auf die seelischen Schwingungen legen, während Männer sich eher auf die körperliche Ausstrahlung fixieren. So wird auch die Tatsache verständlich, dass sich weitaus mehr ältere Männer mit jüngeren Frauen verbinden als umgekehrt. (Andererseits kann noch ein alter Mann Vater werden, hingegen eine alte Frau nicht mehr Mutter.) Im allgemeinen Trend der Emanzipation, wo Frauen selbstbewusster werden und Unabhängigkeit anstreben, haben Machos keine Zukunft mehr. Wer als Mann meint, Alleinverdiener sein zu müssen, um so auch das Sagen zu haben, wird verlieren. Das Heimchen am Herd hat ausgedient. Immer mehr Frauen suchen den ebenbürtigen Partner, den geistigen Austausch und verweigern den Männern die immer noch erwartete Rolle als »Baby Doll«, als Geliebte einerseits und als Hausfrau andererseits. Frauen können nicht einfach sexuell aktiv werden, wenn sie unmittelbar vorher einen handfesten Ehekrach hatten. Häufen sich die ehelichen Streitigkeiten, entziehen sie sich ganz oder/und erleiden eine seelisch bedingte Frigidität. »Die goldene Hochzeit ist der beste Beweis für Toleranz in der Ehe«, sagt ein geflügeltes Wort. Tatsächlich spielt die Toleranz zwischen zwei Liebenden eine tragfähige Rolle, vorausgesetzt, sie ist nicht Bequemlichkeit oder Gleichgültigkeit. Jeder braucht seinen Freiraum, seine eigene soziale Gruppe, in die er sich ohne Partner(in) zurückziehen kann. Wenn zwei Menschen alles gemeinsam machen, weil sie sonst Angst haben, sich zu verlieren, leben sie eine empfindliche und nicht dauerhafte Gemeinsamkeit. Es gibt allerdings solche merkwürdigen Beziehungen, wo beide in neurotischer Weise aneinander gebunden sind, ja manchmal sogar in krimineller Weise. Man spricht vom »Räuberpaar«, von einer »Folie à deux« (Verrücktheit zu zweit). Beide brauchen einander zur Bestätigung ihrer kriminellen Energie. Mitunter allerdings macht die Frau gute Miene zum bösen Spiel, um den Mann nicht zu verlieren. Ihr geht es ebenso wie jener Frau, die ihren ständig betrunkenen und schlagenden Ehemann nicht verlassen will nach dem Motto: Lieber mit diesem Scheusal leben als einsam sein! Besonders tragisch sind jene Beziehungen, die trotz ihrer aufrichtigen Liebe Leid erfahren und sich unglücklich fühlen. Andere sind jahrelang glücklich und werden dann unglücklich durch eben diese Tatsache, dass sie sich lieben. Vorbedingung einer gelingenden Beziehung ist eine weitreichende Übereinstimmung zwischen ihnen, sowohl körperlich als auch geistig. Andernfalls bringt die Liebe mehr Unglück als Glück. Böse Zungen meinen, man solle einer Frau zwar in die Arme fallen, nicht aber in ihre Hände.

Das Alltägliche durchbrechen

Immer wieder klagen Menschen über ihre unglückliche Ehe. Dabei fällt auf, dass Frauen unter dem mangelhaften Einfühlungsvermögen ihrer Männer leiden, sodass sich auch hier Frigidität einstellt, was ihre Männer lange gar nicht bemerken. Plötzlich ist da eine andere, oft jüngere Frau, mit der sich der Mann viel lebhafter und offenkundig auch intensiver unterhält. Die Ehefrau merkt das natürlich und beginnt zu leiden. Kann es erstaunen, wenn der Mann, der sich mit seiner Frau gewöhnlich nur über die Kinder und allerlei häusliche Probleme unterhält, die Gesellschaft einer anderen Frau viel anziehender findet? Diese andere Frau muss keineswegs attraktiver oder intelligenter sein als die eigene; aber man kann mit ihr über Dinge reden, die ein anderes Niveau haben, vor allem, wenn diese Frau jünger und unverheiratet und daher mit anderen Problemen des Lebens vertraut ist als die eigene Frau gleichen Alters. Und da man mit ihr nicht die alltäglichen Sorgen teilen muss, kann sie den Eindruck erwecken, als sei sie aufgeschlossener und tiefer. Und unmerklich entfernt sich der Mann von seiner eigenen Frau, die er für immer zu lieben glaubte. Wenn jetzt nicht die Erinnerung an das Treueversprechen Bestand hat, »in guten wie in schlechten Tagen«, driftet die Beziehung auseinander.

Wenn Liebe zu Hass wird

Besonders schlimm ist es, wenn sich die Liebe in Hass verwandelt. Eine Frau verzichtet auf ihren hohen vorehelichen Lebensstandard zugunsten einer Ehe mit einem Mann von bescheidenerem Stand. Im Verlauf der Ehe hat sich ihre Liebe allmählich verbraucht im Kampf gegen die Beschränktheiten eines dürftigen Lebens, das allzu verschieden ist vom früheren Leben. Als die Liebe tot ist, sind diese Beschränktheiten noch schwerer zu ertragen. Und seit sie einen anderen Mann liebt, sieht sie im Ehemann nur ein Hindernis. Hass kommt auf. Auch ihr Mann, der so lange um sie gekämpft hat, spürt zunehmend Hass gegen seine Frau. Sein ganzer Kampf war umsonst; was hat ihn diese Ehe materiell und moralisch gekostet! Nun gehen sie auseinander.

32% der deutschen Ehen werden zur Zeit geschieden. Die Gründe sind mannigfaltig. Es gibt aber typische Verhaltensfehler, die dazu beitragen: die fehlende Offenheit und Ehrlichkeit in der Kommunikation. Wo Bedürfnisse, Gefühle und Erwartungen nicht ausgesprochen werden, wo Angst, Ärger und Schuld verdrängt, allenfalls verschlüsselt artikuliert werden, beginnt eine allmähliche Entfremdung. Wo Fehler und Verletzungen ständig nachgetragen und kaum vergeben werden, wächst die Verbitterung auf beiden Seiten. Doch Liebe besteht auch darin, Fehler machen zu dürfen, schuldig werden zu können, ohne Angst haben zu müssen vor endlosen Auseinandersetzungen.

Viele Ehen gehen kaputt, weil sinnliche Erregungen oder neurotische Fixierung für Liebe gehalten wird. Andererseits gibt es genügend Ehen, die ein langes Leben halten und in der Liebe zueinander sogar wachsen. Diese Paare haben gelernt, überhöhte Erwartungen abzulegen, sich gegenseitig zu tolerieren und die sinnliche Leidenschaft der geistigen unterzuordnen. Am besten gelingen dort die Beziehungen, wo beide sich in den Dienst eines großen Ideals stellen. Eine Liebe kann von Dauer sein, wenn sie etwas anerkennt, wofür sie bereit wäre, sich selbst zu opfern. Die erotische Anziehung wird allmählich schwinden; daher ist es klug, auch gemeinsame geistige Interessen zu finden; denn Liebe ist nicht: einander in die Augen schauen, sondern gemeinsam in die gleiche Richtung blicken.

Liebgewordenes loslassen

Ich rate Ihnen dringend: Nehmen Sie Ihre alten Sorgen und Frustrationen nicht mit ins neue Jahr. Wie das geht? Ganz einfach: Sie schreiben sie auf einen Zettel und verbrennen ihn anschließend. Basta.

Wenn es denn wirklich so einfach ginge! Haben Sie schon einmal von Ihrem eigenen Tod geträumt? Wenn ja, dann brauchen Sie keine Angst zu haben, denn das weist keineswegs auf Ihr bevorstehendes Sterben hin; vielmehr will dieser Traum Ihnen mitteilen, dass Sie etwas von sich loslassen und begraben müssen. Vielleicht ist es nun Zeit, gewissermaßen abzusterben und abgestorbene Teile der Persönlichkeit, verkrustete Wünsche oder illusionäre Erwartungen zu verabschieden. Ihr Unterbewusstsein drängt auf einen Neubeginn hin, auf eine Neugeburt. Da muss zuvor erst einmal alter Ballast abgeworfen werden.

Bilanz ziehen oder Ramadama

Das Jahresende gibt Anlass zum Nachdenken. Welche Sorge oder welche seelische Verletzung macht mein Gepäck so schwer? Wer dauernd irgendetwas nachträgt, hat viel zu schleppen. Und man kann sich ja fast an diese Altlast gewöhnen.

Eine reife Persönlichkeit bringt es fertig, alte Fehler und missglückte Beziehungen loszulassen. Der Blick geht nach vorne, nicht rückwärts wie einst bei Lots Frau, die zur Salzsäule erstarrte. Wie viele Menschen erstarren geistig oder körperlich, weil sie ständig in die Vergangenheit blicken und nicht mehr zum eigentlichen Leben kommen. Wenn ich nun erkannt habe, dass eine tiefe Demütigung mein Leben beschwert, dann ist es Zeit, diesem Menschen zu vergeben. Schließlich habe auch ich irgendwen verletzt und hoffe auf dessen Vergebung.

Wer es nicht schafft, solche Verletzungen nach drei Tagen zu entsorgen, sollte am Jahresende seelischen Hausputz machen. Die Bayern nennen das Ramadama, auf gut Deutsch: »Räumen tun wir.« Manchmal hilft ein Ritual: Sie notieren sich wirklich all das, was Sie abgeben und reinigen möchten; dann gehen Sie zum Priester und nennen Ihre »Rumpelstilzchen« beim Namen (Beichte); anschließend verbrennen Sie diesen Zettel und gehen mit Ihren Freunden oder mit Ihrer Familie essen. Sie feiern den endgültigen Abschied und spülen das Gerümpel mit einer guten Flasche Wein in den Entsorgungstrakt.

Loslassen heißt annehmen

Solange einer seine Schwächen und Misserfolge nicht als Teil seiner Persönlichkeit annehmen kann, ist er auf sie fixiert. Er kann sie nicht loslassen. Dabei kann es sein, dass er ständig vor sich selbst wegläuft, in Hektik gerät und Ablenkungen sucht, ohne je frei zu werden. Viele Menschen machen ihr Selbstwertgefühl, ihre Liebenswürdigkeit von ihren Erfolgen abhängig, eine gefährliche Verbindung. Wer sich unabhängig von Leistungen für liebens- und lebenswert hält, kommt besser weg. Das erfordert allerdings eine gewisse Reife, vor allem die Fähigkeit, sich selbst vergeben zu können.

Jesus fordert uns immer wieder zum Loslassen auf: »Wer zurückblickt, ist meiner nicht wert«, sagt er. Er sagt nicht: »Wer erfolglos ist, ist meiner nicht wert.« Manches Leid ist nichts anderes als das Verliebtsein in das Vergängliche.

Ein Christ mit Ängsten und mit Sorgen lebt stets in Kummer wegen morgen. Und von der Wiege bis zur Bahre ist nun sein Leben voller Jahre. Tät‘ er die Sorgen Gott abgeben, wär‘n seine Jahre voll mit Leben.

Wenn Sie erkannt haben, dass das vergangene Jahr alles andere als okay war, sollten Sie sich nicht zerfleischen. Es war ja nicht nur schlecht. Vor Gott zählt die ehrliche Bemühung. Suchen Sie alles heraus, was gut und schön war. Das schützt Sie vor Selbstmitleid oder vor depressiven Reaktionen. Und danken Sie für das, was gut und schön war! Denn Dankbarkeit bewahrt Sie vor dem Sturz in den Fatalismus oder in die Resignation. Wer jetzt vor einem runden Geburtstag steht, vielleicht jenseits der Halbzeit, mag vielleicht erschrecken über die verlorene Zeit. Aber was heißt verloren? Machen Sie das Beste aus dem, was vor Ihnen liegt. Der Heilige hat immer eine Zukunft, während der Sünder eine Vergangenheit hat.

Wer sich verbeißt, wird runtergezogen

Ein Seeadler stürzt pfeilschnell ins blaue Meer, um einen Fisch zu ergreifen, den er erspäht hat. Er schlägt seine Krallen in den Rücken des Fisches und versucht seine Beute davonzutragen. Jedoch die Beute ist diesmal zu schwer, um sie hochzureißen. Aber der Adler hat seine Krallen so tief eingeschlagen, dass er sie nicht mehr herausziehen kann. Er wird unwiderruflich in die Fluten hineingerissen und kommt um.

So mancher gleicht diesem Adler. Er verbeißt sich dermaßen in seine Probleme, dass er heruntergezogen wird. Die Aufforderung Jesu, alle seine Sorgen auf ihn zu werfen, wirft praktische Fragen auf: Wie geht das? Eine Portion Gottvertrauen reicht schon. Ich muss gar nichts machen; das macht Gott. Und der macht es gründlich. Es liegt nicht an mir, Fehler wettzumachen oder falsch Gelaufenes wieder gutzumachen. Gott »will keine Leistungen, sondern ein vertrauensvolles und demütiges Herz«, steht in Psalm 51.

Tatsächlich vermag ein demütiger Mensch viel besser loszulassen als einer, der verbissen sein angeknackstes Image aufzuwerten versucht. Mut zur Lücke ist angesagt. »Hinter mich«, sagt Jesus zu Petrus, als der ihm das bevorstehende Kreuz ausreden will. Es ist gut, stets hinter Gott zu stehen, damit ich ihn im Blickfeld vor mir habe.

Schon lange müsste der Sperrmüll auf dem Dachboden weg. Und der ganze Müll in der Garage nimmt auch immer mehr Platz weg. Ganz abgesehen von den hoch gestapelten Zeitungen und Kartons im Keller.

Und dann der seelische Müll! Warum nur können wir so schwer Abschied nehmen?

Es ist die Angst vor der Lücke, vor der Leere. Doch der leere Raum schafft auch Freiraum. Er ermöglicht einen Neubeginn. Das gilt auch für den Abschied von menschlichen Bindungen. Mit Jahresbeginn sollten endlich einmal die erwachsenen Kinder losgelassen werden. Oder ist es das Amt, an dem ich so festhalte? Oder die viel zu große Wohnung?

Es wird Zeit, sich auf seine neuen Bestimmungen zu besinnen. »Ich bin richtig froh, dass ich endlich meine Freiheit und Unabhängigkeit gefunden habe«, sagte eine Frau zu mir, »und was hatte ich zuerst Angst davor! Ich hab‘ kurzen Prozess gemacht, hab‘ meinen Laden verkauft und bin in die Gartenstraße umgezogen. Warum habe ich das nur nicht früher getan?« – Scheiden kann weh tun. Festhalten auch.

Vergessen, verdrängen oder verklären?

Nicht alle Erinnerungen sind schön. Wer sich einmal blamiert hat, weiß um die Langzeitwirkung eines solchen Vorgangs. Es hängt ihm nach und er setzt alles daran, diese Blamage zu vergessen Dazu bedienen wir uns verschiedener Tricks, die aber nicht immer funktionieren.

Hier einige typische Abwehrformen:

Die Verdrängung

Eine Frau mittleren Alters leidet unter Depressionen. Sie kann nicht schlafen, ist unruhig. Nachts kratzt sie sich am Körper wund. Tagsüber fällt sie öfter hin und stolpert, vor allem in der Nähe von Geschäften mit Babyartikeln und Spielzeug. Sie weiß nicht, weshalb dies alles geschieht. In der siebten Sitzung tritt das Vergessene zutage: Vor 20 Jahren hat sie zwei Abtreibungen vornehmen lassen. Sie war eine »gefallene Frau«. Das musste sie natürlich verdrängen. Angesichts von Babywäsche fiel sie wieder hin, diesmal mit ihrem Körper. Ihre Verdrängung (Lateinisch: Depression) nutzte nichts. Der Organismus kann nicht lügen. Die Heilung begann erst mit dem Schuldbekenntnis und mit der Namensgebung der abgelehnten Kinder. Die Versöhnung mit sich, den Kindern und mit Gott ermöglichte nun ein Leben ohne Selbstbestrafung: Wundkratzen, Stürzen. Ich sagte ihr, dass Gott manchmal derartige Störungen zumute, damit die Betreffende zu Einsicht und Umkehr gelange. Es ist nicht Bestrafung, sondern Pädagogik Gottes.

Die Übertragung auf andere

Wer unliebsame Gefühle und Erinnerungen nicht wahrhaben möchte, läuft auch Gefahr, sie nach außen zu verlagern. Er wird seine eigenen Gedanken auf andere Menschen übertragen und bei ihnen bekämpfen.

Ein Mädchen wurde von einem Mann verführt. Halb zog es sie, halb sank sie hin. Jetzt, älter geworden, will sie davon nichts wissen. Sie glaubt, alle Männer hätten nur das eine im Kopf: sie zu verführen. In Wahrheit will sie sich nicht zugestehen, dass sie einer Verführung kaum widerstehen würde. Doch einen solch verwerflichen Gedanken kann sie bei sich nicht ertragen. Sie wehrt ihn mit Hilfe der Projektion, eben der Übertragung auf andere ab. So mancher Moralist bekämpft im anderen, was er selber bei sich verspürt, aber nicht gestatten will.

Ungeschehen machen

Wer ein großes Harmonisierungsbedürfnis hat, neigt dazu, sich im Alltag für alles Mögliche zu entschuldigen: »Es war nicht so gemeint, wir wollen so tun, als sei nichts gewesen.« Dies tut einer, wenn er sich verraten zu haben glaubt und wenn er gegen die Verurteilung durch das eigene Gewissen angeht. Oder er will eine erlittene Beleidigung ungeschehen machen: Eigentlich fühle ich mich gekränkt, aber der andere meint das sicher nicht so. Diese Abwehr dient der Aufrechterhaltung einer harmonischen Beziehung und vor allem der Vermeidung von Vorwürfen und Schuldgefühlen. Im Grunde ist ein solcher Mensch nicht konfliktfähig, er will jedwede Frustration meiden und handelt sich auf Dauer eine Menge psychosomatischer Störungen ein; denn auch die Vermeidung notwendiger Auseinandersetzungen kann krank machen.

Verkehrung ins Gegenteil

Kennen Sie das: Sie begegnen einem Menschen, mit dem Sie einmal eine heftige Auseinandersetzung hatten. Sie können nicht mehr ausweichen und treten die Flucht nach vorn an, indem Sie ausnehmend freundlich sind. Eigentlich hätten Sie Grund genug, ihm Ihre Meinung zu sagen. Aber das war alles so peinlich, dass Sie nun lieber höflich sind und Ihre berechtigte Wut ins Gegenteil verkehren. Vom sozialen Standpunkt aus gesehen, ist dieses Verhalten sicher sehr erwünscht. Aber ist damit auch die Wunde geheilt? Einer, der stets wegen seiner schlechten Schulleistungen getadelt wurde, kann später zu einem erfolgreichen Menschen werden. Die alte Wunde der Demütigung war für ihn ein Ansporn, über sich hinauszuwachsen.

Das Rationalisieren

Wer böse Erinnerungen, schuldhaftes Verhalten beispielsweise, nachträglich ins rechte Licht rücken möchte, wird allerlei Gründe für sein Fehlverhalten finden. Er wird scheinplausible Argumente finden, die seine Taten rechtfertigen sollen. So kann er sich reinwaschen, ist im Grunde aber unehrlich. Er rationalisiert. So wird ein Schüler seine verpatzte Klassenarbeit mit dem überhöhten Anspruch des Lehrers begründen. Oder es tritt einer aus der Kirche aus, weil ihm der Pfarrer nicht gefällt, weil die Steuern zu hoch sind, weil der Papst zu konservativ ist oder weil . . .

Die Beschönigung

Die Beschönigung ist eine besonders attraktive Form, bittere Gedanken an die Vergangenheit erträglich zu machen. »Es war ja alles nicht so schlimm. Das musst du positiver sehen«, scheint uns das Unterbewusstsein zu sagen. Und dann werden bittere Tage der Vergangenheit zu »guten, alten Zeiten« umgemünzt; kriegerische Frontkämpfe reduzieren sich zu heroischen Beispielen todesmutiger Kameradschaftlichkeit. Das Gedächtnis spielt uns einen Streich; es will durch die verherrlichende Verfälschung oder Einseitigkeit seelische Wunden, gegenwärtige Ängste heilen, mindestens erträglicher machen.

So manche Väter wollen angesichts der schlechten Schulnoten ihrer Sprösslinge die eigenen Niederlagen nicht mehr wahrhaben. Entweder lügen sie schlichtweg oder sie glauben selber an ihre Wunschträume. Überhaupt: Die Träume bringen es nachts zutage. Hier werden Illusionen und Realitäten in drastischer Bildhaftigkeit voneinander getrennt.

Wege zur Heilung der Erinnerungen

Allein die Annahme meiner Schuld, das ehrliche Eingeständnis meiner Fehlleistungen sowie das bewusste Anschauen erlittener Frustrationen vermögen eine Heilung herbeizuführen. Ich muss kein anderer werden, um von Gott geliebt zu sein. Die Gewissheit des göttlichen Erbarmens, ja die Erkenntnis, dass auch die größten Sünden und die schmerzlichsten Erinnerungen zum Guten führen können, hilft mir, meine Vergangenheit anzunehmen. Das bedeutet: Mich selbst mit meinem Schatten zu akzeptieren. Ich muss weder etwas ungeschehen machen noch beschönigen. Gott lässt es zu, damit ich zur Demut gelange und mich ihm völlig ausliefere. Denn auf meinen krummen Zeilen schreibt Gott allemal noch gerade. Nun sind nicht alle Abwehrformen schlecht. Mitunter helfen sie uns, den Alltag besser zu bestehen, uns selber zu schonen und lästigen Ballast abzuwerfen. Aber nicht immer. Wenn unsere mitmenschlichen Beziehungen verkümmern, wenn das Selbstbildnis verfälscht wird oder der Organismus darunter leidet, ist es an der Zeit, sich mutig – notfalls mit Hilfe anderer – mit sich selber auseinanderzusetzen, um sich dann wieder »zusammenzusetzen«.

Von der Notwendigkeit zu trauern

»Der Tod ist kein Unglück für den, der stirbt«, sagte Karl Marx nach dem Tod seines acht Jahre alten Sohnes Guido, den er zärtlich »Musch« nannte. Und ein Mann, der angesichts des Verlustes seiner Frau in Trauer fiel, erkannte plötzlich die Gnade des Schicksals: Wäre er vor seiner Frau gestorben, hätte sie sich umgebracht. Das hatte sie ihm einige Male gesagt. Nun erlebte er die Qual der Einsamkeit, die er aus Liebe zu seiner Frau besser ertragen konnte.

Worüber wir trauern

Die Erfahrung von Trennungen und Abschieden gehört von Geburt an zu den leidvollen Erfahrungen des Menschen. Sie verläuft nicht planvoll und gewiss auch nicht nach dem Kalender. Die einen fallen in tiefe Trauer, wenn ihnen Pläne misslingen, wenn eine Verabredung platzt oder ihre Katze nicht mehr nach Hause kommt. Andere scheinen selbst bei schweren Verlusten nicht aus dem Gleichgewicht zu geraten. Trauer hat viele Gründe und viele Gesichter: Eine junge Frau kann sich ihres Lebens nicht mehr freuen, weil sie sich ständig schuldig fühlt und aus Angst vor neuerlichen Fehlern ihr Leben nicht wagt. Sie verkapselt sich, hält sich für unfähig und blickt neidvoll, manchmal auch wütend, auf die vielen Menschen, denen das Leben mühelos gelingt. Ihre Trauer ist Resignation. Außerdem verwechselt sie Sünde und Fehler. Doch sie zeigt dieselben körperlichen Symptome, die eine wahrhaft Trauernde hat: Depression, Schlafstörungen und Appetitverlust.

Uns alle befällt Trauer angesichts der Gewalt und des Elends in der Welt; doch meist berührt sie uns nicht existentiell. Wir sprechen darüber, teilen uns mit und können uns so ein Stück von ihr befreien. Hingegen bleiben unzählige Menschen im Verborgenen, die still und sprachlos ihren Schmerz ertragen müssen, weil niemand da ist, der Anteil nimmt.

Wie wirkt sich die Trauer aus?
Bei einem schweren, unerwarteten Verlust kommt es zu einem Schock, zu einer Phase der Lähmung und des Nichtwahrhabenwollens. Sie wird abgelöst von einer Zeit quälender Unruhe und Rastlosigkeit, in der die Trauernden alle möglichen Gründe zur Ablenkung suchen. Die Flucht in die Betriebsamkeit und Arbeit soll die tiefliegende Angst vor der Einsamkeit verdecken. Je nach der persönlichen Lebensgeschichte werden die Bewältigungsversuche von Verlusten sein. Wer seine eigene Trauer einmal bewusst erlebt hat, weiß von den verschiedenen Phasen, die ähnlich auch bei Sterbenden auftreten. Die Zeit der hektischen Ablenkung geht bei manchen über in eine ohnmächtige Wut, die wiederum von depressiven Momenten unterbrochen wird. Schließlich gelangt der Mensch über dem Weg vieler Gebete und Verhandlungen mit Gott zur Akzeptanz der unabänderlichen Situation. Spielt der religiöse Glaube eine Rolle im Leben des Trauernden, kommt es zu einer langen Auseinandersetzung mit dem Gottesbild und mit der Frage nach Auferstehung und Wiedersehen des Toten. Je stärker die Bindung war, desto tiefer und länger ist die Trauer. Sie kann mit Atemschwierigkeiten, Seufzen und Gefühlen der Kraftlosigkeit einhergehen. Ist der geliebte Mensch zu früh aus dem Leben gerissen worden, wird die Trauer mit Wut vermischt, Zorn auf Gott und dessen eigenmächtige Pläne. Außerdem bleiben Schuldgefühle zurück: Man hätte sich noch so viel zu sagen und zu versöhnen gehabt. Menschen, die sich selber das Leben nehmen, hinterlassen bei den Angehörigen eine ohnmächtige Wut: Warum hat er das getan? Bin ich vielleicht daran schuld? Habe ich etwas falsch gemacht? Weshalb hat er nichts gesagt? Selbstanklagen sind typische Reaktionen auf Suizide.

All diese Trauerreaktionen werden erst nach dem Begräbnis massiv. Wenn die Zeit der Beherrschung und der Anteilnahme durch Mitmenschen zu Ende geht, beginnt die lange Zeit des Loslassenmüssens. Für die einen folgt nun der Sprung in die berufliche Hektik, für andere der dunkle Weg in die Depression. Nicht wenige Trauernde erleben Wahrnehmungsstörungen: Sie sehen plötzlich den Toten unter den Lebenden. So schaute ein Witwer ständig zur rechten Seite, weil dort seine Frau zu gehen pflegte; eine Frau meinte, das Autogeräusch ihres Mannes zu hören, und ging in die Küche, um das Essen anzurichten. Eine junge Witwe stand wiederholt fremden Leuten gegenüber, in denen sie ihren Mann wiederzuerkennen meinte. Dies alles sind Zeichen von Widerständen gegen die neue Lage, aber auch verzweifelte Versuche, mit dem Verlust fertigzuwerden.

Krankhafte Trauer

Die meisten Menschen werden innerhalb von zwei Jahren fertig mit ihrem Verlust. Einige nicht. Sie sind den alltäglichen Aufgaben nicht mehr gewachsen, werden depressiv, greifen zu Alkohol oder Drogen, spielen mit Selbsttötungsgedanken oder sind apathisch, also gefühlsleer geworden. Ihre Gedanken und Handlungen sind einseitig auf das gerichtet, was sie verloren haben: das Haus, das soziale Prestige, ihren Arbeitsplatz oder einen geliebten Menschen.

Im Unterschied zur normalen Trauer, wo der Mensch weiß, was er verloren hat, und dies zu akzeptieren beginnt, weiß die abnorme Trauer, die zur Melancholie führt, zwar wen, aber nicht, was sie verloren hat. Doch sind die Grenzen nicht genau zu ziehen. Wenn ein Kind nie Trennungsangst erlebt hat, weil es vielleicht überbehütet wurde, wird es später auch kaum eine echte Bindung eingehen können. Paradoxerweise sind solche Menschen auch nicht fähig, Trauer zu bewältigen. Die Fähigkeit nämlich, Trennungsangst oder Trauer zu überwinden, ist ein Hinweis auf eine gesunde, bindungsfähige Persönlichkeit. Wer Selbstvertrauen hat, kann besser loslassen. Krankhafte Trauer kann nicht loslassen, kann auch nicht Verzweiflung und Wut ausdrücken. Solche Verdrängungen machen gefühlsleer und roboterhaft. Sie machen es unmöglich, sich anderen mitzuteilen, und bewirken eine Vielfalt psychosomatischer Erkrankungen.

So kann es sein, dass ein stiller, eher passiver Typ alles in sich hineinfrisst und depressiv wird, ein aktiver Typ sein Leben fortsetzt, als sei nichts geschehen, es jedoch jedem verbietet, seine Trauer anzusprechen.

Trauer ist harte Arbeit

Der bekannte Psychoanalytiker Alexander Mitscherlich sprach von der Unfähigkeit der Deutschen zum Trauern. Er warf ihnen im Hinblick auf ihre Vergangenheitsbewältigung eine grandiose Verdrängung vor:

Statt sich ihrer moralischen Verfehlung zu stellen und ihre Versäumnisse reumütig zu bekennen, überspielen sie den Verlust ihrer Moral, ihrer Zivilcourage, ihres weltweiten Ansehens mit Nichtwissen, mit Arbeitswut und vorgeschobenen Erklärungen. In der Tat hat eine Trauerarbeit nach dem Desaster des Dritten Reiches nicht stattgefunden. Wenn der Mensch moralisch und seelisch, ja auch physisch gesund bleiben will, muss er trauern dürfen und können. Das heißt: Tränen, Artikulation von Ohnmacht und Zorn, Schlagen an die Brust und lautes Weinen sind wichtige Zeichen eines schmerzlichen, aber zur Heilung führenden Prozesses. Wenn wir im Abendland auch keine Klageweiber engagieren und uns keine Haare ausreißen, auch nicht in Sack und Asche herumlaufen, so kennen wir doch Formen und Rituale der Trauer, die unserer Kultur zu Eigen sind. Und wer einmal Zeuge einer nicht-kirchlichen Beerdigung war, weiß um den therapeutischen Wert kirchlicher Rituale und Gebete; er wird verstehen, warum Angehörige sie auch für jene erbitten, die zu ihren Lebzeiten nichts von dieser Kirche wissen wollten.

Trauer braucht Zeit. Ein zu früher Abbruch oder gar eine völlige Leugnung wird früher oder später zu Krisen führen. Wie eine Grippe, die nicht auskuriert wurde, kann sie zu Komplikationen führen. Am besten ist es, gemeinsam mit anderen zu trauern, sich mitzuteilen und sich das Recht einzuräumen, traurig sein zu dürfen.

Was kann helfen?

Die innere Auseinandersetzung mit dem Verlust ist wesentlich. Dabei hat das Zwiegespräch mit dem Toten eine wichtige Funktion. Ich meine hier nicht die krankhafte Form einer Realitätsverzerrung, die bei psychotischen Menschen anzutreffen ist. Gerade ältere Menschen betreiben eine Form der Selbsttherapie, indem sie sich den verstorbenen Partner vorstellen und mit ihm reden. Bis die Zeit gekommen ist, wo er sich derart verändert hat, dass er dem tatsächlichen Partner kaum noch gleicht. Oder aber sie wiederholen ständig die gleichen inneren Dialoge, die zu einer Verbundenheit führen, die keine neuen Beziehungen gestattet. Die Idealisierung des Partners ist eine typische Stufe im Trauerprozess. Sie hilft über der Verlust hinweg; indem wir all die schönen Stunden noch einmal in Erinnerung rufen, wird der Tote zur Idealfigur. Das erleichtert den Abschied, weil er versöhnlich geschieht. Dasselbe geschieht allerdings auch als Abwehrmaßnahme gegen quälende Schuldgefühle. Immerhin aber eine legitime Art des Abschiednehmens. Der verlorene Mensch muss in der Seele des Trauernden seinen Platz gefunden haben. Was äußerlich verloren ist, wird innerlich aufgebaut. Jetzt erst kann die Trauer abgeschlossen und die alltägliche Arbeit mit all ihren menschlichen Bezügen wieder aufgenommen werden. Dabei ist die Anteilnahme der Freunde ein wichtiger Schritt. Nur wissen viele Freunde nicht mit dieser Trauer umzugehen. Die Besuche werden immer weniger, der Trost bleibt aus. Mitunter machen falsche Vertröstungen aggressiv. Es hilft wenig, wenn einer sagt: »Kopf hoch, wird schon wieder werden«, oder: »Der Herrgott hat ihn zu sich genommen. Eines Tages wirst du ihn wiedersehen.«

In der Trauer können viele Menschen nicht beten, was die Schuldgefühle verstärkt. Es ist dann gut zu wissen, dass andere für einen beten. Die Fürklage und Fürsprache verbinden miteinander. Das gemeinsame Sprechen über den Verlust vermittelt das Gefühl von Geborgenheit und Verständnis. Mancher will wissen, wie es dem Verstorbenen geht, wo er jetzt ist und was er tut. Und so führt ihn die Unfähigkeit loszulassen zu spiritistischen Praktiken. Doch sind die gerufenen Geister kaum die, für die wir sie halten. Jesus mahnt uns: »Lasst die Toten in Ruhe!«

Die beste Hilfe bleibt die Verbundenheit im Gebet und das Wissen um die Liebe Gottes.

Mitunter erleben jetzt die allein gelassenen Partner ihre Hilflosigkeit in all den Belangen, die der andere sein Leben lang übernommen hat. Männer sind oft völlig überfordert, was den Haushalt betrifft, und Frauen stehen ratlos da angesichts der geschäftlichen, technischen oder finanziellen Fragen. Hier wäre es ratsam, wenn beide Partner sich früh genug gegenseitig in die notwendigen Dinge einweisen würden. Weiß die Frau, wie die Heizung im Keller zu bedienen ist, wo die Hauptwasserleitung abgedreht wird und welche Versicherungen anzuschreiben sind? Weiß der Mann, wo die Haushaltsgeräte deponiert sind und wie die Waschmaschine zu bedienen ist?

Es lohnt sich, früh genug auf alle Eventualitäten einzugehen, den Tod als möglichen Fall von morgen einzukalkulieren. Deshalb sollten wir auch möglichst bald nach einer unerfreulichen Auseinandersetzung um Versöhnung bemüht sein, sonst könnte uns der plötzliche Tod einen Strich durch die Rechnung machen. Trauer ist ein notwendiger Prozess zur Bewältigung eines Verlustes. Ob einer darauf mit einer unverhältnismäßigen Depression reagiert, sie in hektischer Geschäftigkeit zu verdrängen versucht oder sich die Zeit nimmt, schrittweise Abschied zu nehmen und seine Gefühle erlaubt, das hängt von vielen biographischen und seelischen Faktoren ab. Und nicht zuletzt von der Tiefe seines Glaubens.

Psychologie in der Heiligen Schrift

»Ich verstehe nicht, wie man als Priester zugleich noch Psychologe sein kann. Das widerspricht sich doch. Wie bringen Sie das unter einen Hut?« Diese Frage bekomme ich gelegentlich von jenen zu hören, die die Psychologie als glaubensfeindliche Lehre erfahren haben. Dabei ist sie durchaus vereinbar mit dem Glauben, wenn man die Hl. Schrift studiert. Denn diese ist geradezu ein Lehrbuch psychologischer Grundkenntnisse.

Psychosomatische Zusammenhänge

Es wird ständig darauf hingewiesen, dass Seele, Leib und Geist voneinander abhängig sind. Wer seine peinlichen Gefühle wie

Angst, Zorn oder Schuld verdrängt, wird es bald an seinem Leib zu spüren bekommen. Und wer seinen Körper lieblos behandelt, muss mit dem Aufruhr seines Geistes und seiner Gefühle rechnen. Der »Tempel des heiligen Geistes« lässt sich nicht alles gefallen.

In Psalm 38 schildert uns David verschiedene Krankheitssymptome, die ihn befallen, nachdem er eine schwere Schuld auf sich geladen hat. Er klagt über Depressionen, Rückenschmerzen, Gürtelrose, Fieber, Sehstörungen, Herzflattern und Hautausschläge. Erst nach Reue und Schuldbekenntnis beginnt die Heilung. Immer wieder weist Jesus auf den Zusammenhang von verdrängter Schuld und Krankheit hin (Joh 5,14; Mt 9,2 ff.). Die wahre Therapie kann nur im Aufdecken der Krankheitsursache liegen, nicht in ihrer Verdrängung. Jesus sagt nicht: Schluck alles herunter und sei still. Er empfiehlt eine authentische Lebensweise, in der ich das sage, was ich fühle, und das tue, was ich sage.

Tiefenpsychologische Erkenntnisse

»Prüfe mich, Herr, und siehe, wie ich es meine. Nur du allein kennst mich und weißt um mich.« Diese Worte des Psalms 139 kennen wir alle. Hier wird Gott als der alleinige Herzenskenner und Psychoanalytiker anerkannt. Um den Dingen auf den Grund zu gehen, brauche ich die Hilfe eines Analytikers. Der Geist Gottes kann mir dabei helfen; allerdings bedient er sich auch der irdischen Fachleute: »Aber auch dem Arzt gewähre Zutritt . . . zur rechten Zeit liegt in seiner Hand der Erfolg.« (Sir 38,12 f.)

Im Gespräch mit der Samariterin am Brunnen deckt Jesus deren Lebensweise auf; er durchschaut sie und ihre vielen Beziehungen und die Frau erkennt in ihm einen wahren Propheten (Joh 4,7 ff.). Die Bibel empfiehlt eine regelmäßige Gewissenserforschung als Instrument tiefenpsychologischer Erkenntnisse (Röm 11,2; Eph 5,10). Nur so vermag ich Wunden aufzudecken und Heilung zu finden. Besser noch ist es, vorher die Dinge zu prüfen, um Schäden zu vermeiden: »Prüfet die Geister, ob sie von Gott sind!« (1. Joh 4,1)

Entwicklungspsychologische Hinweise
Mit zwölf Jahren läuft Jesus weg und wird nach drei Tagen im Tempel gefunden. Er begründet diesen Schritt mit der Notwendigkeit, »in dem zu sein, was des Vaters ist«. Dies bedeutet: Mit Beginn der Pubertät müssen Kinder lernen, sich abzunabeln und der inneren Stimme zu gehorchen. Sie müssen eigene Wege gehen, was immer auch mit Schmerz verbunden ist. Jesus war ein Lernender; er nahm zu an »Alter, Größe und Weisheit«. Das gelingt nur, wenn die Eltern das Lernen durch Versuch und Irrtum auch erlauben und das Leben mit all seinen Gefahren wagen. Versagensängste und Absicherungsmanöver blockieren ein solches Lernen; dann gibt es kein Erwachsenwerden.

Sozialpsychologische Forderungen
Immer noch meinen viele Christen, Streit und Auseinandersetzungen um jeden Preis unterdrücken zu müssen, die Wange in jedem Fall hinstrecken und sich selber stets klein machen zu sollen. So aber steht es nicht in der Bibel. Jesus fordert eine faire Streitkultur; er selbst wehrte sich gegen Unrecht, ganz besonders, wenn es anderen gegenüber geschah (Joh 18,23; Mk 11,15). Er nannte Regeln für den Fall erlittenen Unrechts, nämlich das Gespräch unter vier Augen (Mt 18,15 f.). Er setzte sich für die Unterdrückten ein, verstieß um des Rechts willen gegen Gebote und sorgte so bei den Gesetzesfrommen für Empörung. Die Barmherzigkeit ist für Jesus höher zu bewerten als die Gesetzlichkeit.

Werbepsychologische Wirksamkeit
Jetzt werden Sie staunen: Macht die Bibel Werbung für etwas? Betreibt Jesus ein geschicktes Werbemanagement? Na ja, so direkt nicht, aber indirekt. Die Hl. Schrift wirbt letztlich für Gott, indem sie seine Macht, sein Können, seine Kompetenzen und seine Wunder präsentiert. Jesus fordert seine Jünger auf, bestimmte Regeln einzuhalten auf ihrem Missionsweg, d.h. Werbefeldzug für den Glauben. Vor allem sollen sie durch ihre Taten überzeugen; dazu gehören Heilungen, Befreiungen, wunderbare Zeichen. Die gelebte Liebe überzeugt. Worte mö-

gen hinreißend sein, doch Taten sind umwerfend. Heute fehlen vielfach die Taten. Das Christentum überzeugt viele nicht mehr. Und wenn man so manche Predigt hört, so manchen frommen Aufsatz liest und so manche Christen beobachtet, dann fehlt bei aller Frömmigkeit die Klugheit, d.h. das Know-how der existentiellen Überzeugung. Ein bisschen mehr Pepp, ein bisschen mehr Wow. Jesus empfiehlt im Umgang mit Gegnern das Rezept der Umkehrung: Wenn jemand dich nötigt, einen Kilometer mit ihm zu gehen, gehe zwei mit ihm; wenn einer dir die Jacke klaut, gibt ihm die Hose dazu. Verrückt, nicht wahr? Aber wirksam. Ich habe es selber ausprobiert. Der Gegner war perplex, sein Groll dahin. Religiöse Überzeugungsarbeit richtet sich nicht nach dem Wunsch des Volkes (»Was erwarten die Leute, was wollen sie hören?«), sondern nach dem Willen Gottes. Heute herrscht zu viel Angst davor, man könne die Menschen mit einer zu verbindlichen und klaren Glaubensaussage vor den Kopf stoßen. Die Folgen einer solchen Angst sind unverbindliches Gesülze, pseudoökumenisches Verhalten und schließlich eine leere Kirche.

Verhaltenspsychologische Regeln

Wie bewältige ich Angst? Jesus sagt: Steh zu ihr, bekenne sie, akzeptiere sie als Teil deiner Person. Geh auf sie zu, schau sie an. So tat er es angesichts seiner eigenen Angst am Ölberg. Er verdrängte sie nicht, er stellte sich ihr: »Auf, lasst uns ihm entgegengehen . . .« Ein Rezept, das heute noch angewandt wird und »Desensibilisierung in senso et in vivo« heißt.

Und die Wut? Auch hierbei bleibt das Anschauen der Gefühle eine hilfreiche Regel. Manchmal muss sie artikuliert werden, damit sie mich nicht zerstört. Einmal nahm Jesus den Strick und wurde handgreiflich. Es gibt manchmal eine Art von Zorn, die raus muss, um Klarheit zu schaffen. Natürlich geht es nicht um beliebiges Rauslassen meiner Emotionen. Die Schrift kennt auch den Schrei nach Gerechtigkeit, die Fluchpsalmen. Dennoch: Am Ende muss die Vergebung stehen, will ich nicht kaputt gehen. Sie ist eine ständige Forderung Jesu, denn wer nicht vergibt, kann nicht heil werden.

Im Hinblick auf Gebete empfiehlt die Bibel Geduld, Beharrlichkeit, ja fast eine gewisse Penetranz (Röm 12,12). Der Beter soll nicht locker lassen; so weist Jesus auf die Frau hin, die beim Richter ihr Recht bekommt, und auf den Freund, der nachts um Brot bettelt.

Ratschläge und Lebenshilfen

Es wimmelt nur so von Rezepten erfahrener Autoren. Eine der ergiebigsten Fundgruben ist das Buch Jesus Sirach, verfasst von einem gleichnamigen Tempelpriester in Jerusalem. Dort finden Sie nützliche und auch humorige Worte, die durchaus mit sämtlichen Ratgeberbüchern konkurrieren können: »Wenn du dich anschickst, Gott zu dienen, dann mach dich auf Versuchungen gefasst!« (2,1) »Wer sich selbst nichts Gutes tut, ist unerträglich.« (14,5) »Es ist besser, einen zur Rede zu stellen, als ihm zu grollen; doch manche Zurechtweisung erfolgt nicht rechtzeitig ...« (20,1 f.) »Ehe du nicht nachgeprüft hast, mach keine Vorwürfe. Untersuche zuerst ... und rede nicht dazwischen, während der andere noch spricht.« (11,7 f.)

Das Buch der Bücher ist also durchaus ein praktikables Handbuch zur Bewältigung meines Lebens. Es ist ein Buch der Rekorde, in nahezu 1.000 Sprachen übersetzt. Und es kann durch keine noch so ausgefeilte Psychologie und Psychotherapie ersetzt werden. Eine Therapie und Seelsorge aber, die im Einklang mit der Bibel steht, trifft den Kern der Sache und das Herz des Menschen.

Geduld hat nicht jeder

Ein junger Mann äußerte im Gespräch mit einem Mönch, wie sehr er bemüht sei, christlich zu leben und Gottes Wege zu gehen. Er tue Gutes, spende Almosen, halte die Gebote und bete eifrig. Jetzt möchte er wissen, was es noch zu tun gäbe.

Der Mönch hörte sich das alles in Ruhe an und erwiderte dann: »Wenn du wissen willst, ob du ein liebender Mensch bist, so geh und frage deine Familie, deine Freunde und Bekannten, wie sie dich erleben, ob sie dich als einen versöhnlichen, liebenden und gerechten Menschen erfahren haben. Erst wenn sie das bestätigen, bist du auf dem rechten Weg.«

Der junge Mann tat, wie ihm geraten wurde. Und er musste erfahren, wie viel noch vor ihm lag, um das zu erreichen, was er bereits sein Eigen nennen wollte. Und wie viel Geduld erforderlich sein würde auf dem Weg zur Heiligkeit.

Was hier einer für seinen ganz persönlichen Lebensbereich erfahren hat, das erleiden wir alle im politischen und sozialen Bereich immer wieder: Nichts gelingt sofort; gut Ding braucht Weile. Die Menschen in den neuen Bundesländern hatten sich nach der Wende eine rasche Besserung ihres wirtschaftlichen Zustandes erhofft; jetzt erkennen sie, dass viele ihrer Wünsche Illusionen waren und der Aufschwung eben Zeit braucht. Sie haben also keine Zeit verloren, sondern Erkenntnisse gewonnen.

Bestandsaufnahme

Wo stehe ich im Augenblick? Habe ich resigniert im Hinblick auf mein geistliches Weiterkommen, bloß weil ich trotz aller Bemühungen keine Erfolge sehe? Kämpfe ich verbissen und übereifrig gegen meine Natur an wie Sisyphus? Oder gestalte ich im Vertrauen auf Gottes Hilfe mein Leben gemäß den mir geschenkten Gaben, verzeihe mir Fehler, Rückfälle in alte Laster?

Es ist nützlich, von Zeit zu Zeit Bilanz zu ziehen und sich zu fragen, wohin das führen könnte, wenn ich so weiterlebe wie bisher. Weiß ich zum Beispiel, wer unter mir, unter meiner Dominanz und Intoleranz, unter meiner Aggression und Rechthaberei, unter meiner Überfürsorglichkeit und Ängstlichkeit zu leiden hat? Selbsterkenntnis kann einen heilsamen Schock auslösen. Viele neigen dazu, bittere Wahrheiten nicht zur Kenntnis zu nehmen, keine Vorsorgeuntersuchungen machen zu lassen, um ihr Leben nicht ändern zu müssen. Längst haben Verwandte und Freunde erkannt, wie abhängig, arbeitswütend, freudlos und unruhig wir geworden sind. Hören wir auf sie? Hören wir auf unseren Körper, der gegen eine solche Lebensweise mit »vegetativen Dysfunktionen« protestiert?

Wie die Kinder werden

Da ist eine depressive Frau, die schon alle Therapien erfolglos versucht hat. Jetzt hat sie sich aufgegeben und meint, niemand könne ihr noch helfen, nicht einmal Gott, der all die Jahre abwesend zu sein schien. Im weiteren Gespräch wird deutlich, wie krankmachend ihr Denken ist und wie schlecht sie sich selber ständig macht.

Sie lebte stets in der Erwartung, dass andere sie versorgen und heilen müssten, die Ärzte, Psychologen, Angehörigen und Pfarrer. Nie kam ihr der Gedanke, eigene Heilungskräfte zu mobilisieren und Schritt für Schritt das Leben zu wagen, auch dann, wenn manches anders verläuft als geplant. Aus Angst vor Fehlern zog sie sich zurück. Sie wagte ihr Leben nicht aus Furcht vor Blamagen. So wurde sie mehr und mehr depressiv. Die Kinder ihrer Schwester zeigten das Gegenteil; sie taten das, was allen normalen Kindern zu Eigen ist: Sie lebten im Vertrauen auf das Gelingen des jeweiligen Tages, ohne Missgeschicke über Gebühr zu betrauern und ohne ängstliche Absicherungen gegen mögliche künftige Widerwärtigkeiten. So wie ein Kind unbedarft Selbst- und Gottvertrauen zeigt, so sollen auch wir es tun. Denn eine zu starke Selbstreflexion, wie sie das Selbstmitleid, die falsche Selbsterniedrigung oder der Perfektionismus darstellen, kann positive Kräfte blockieren.

Die Politik der kleinen Schritte

Während der Leib im Lauf des Lebens allmählich Erscheinungen des Zerfalls zeigt und nach dem Tod sich ganz auflöst, ist die Seele darauf ausgerichtet, immer vollkommener (heilig) zu werden. Dazu braucht sie die Bemühungen ihres Trägers, der willentlich und gezielt diesen Prozess anstrebt. Eigenartigerweise kommt es dabei zu einem paradoxen Effekt: Der Betreffende fühlt sich selbst dann noch unvollkommen und sündhaft, wenn er in der Heiligkeit Fortschritte gemacht hat. Ja, es scheint dem wirklich Heiligen zu Eigen zu sein, das subjektive Empfinden seiner geistlichen Vervollkommnung nie richtig zu spüren, sodass er sich eben noch weiter anstrengt, endlich Fortschritte zu machen. Wer sich am Ziel glaubt, ist es noch nicht. Gott beabsichtigt, ihn zur Demut zu führen.

Nun kann es sein, dass so mancher eben dadurch resigniert und alle Bemühungen zum Heilwerden aufgibt.

Such dir Wegbegleiter!

Im Alleingang ist es schwer, als Christ zu leben. Jesus sandte die Apostel zu zweit hinaus; er betonte immer wieder seine Anwesenheit dort, wo »zwei oder drei« in seinem Namen beisammen sind. Deshalb empfiehlt es sich, Gleichgesinnte im Glauben zu suchen, Gebetsgruppen beizuwohnen und einen geistlichen Begleiter zu wählen. Das kann jeder Mann oder jede Frau sein, die ich für kompetent und vertrauenswürdig halte. In vielen Belangen kann man sich nicht selbst beraten, da ist die Gefahr der Selbsttäuschung zu groß; außerdem kann das religiöse Leben zu schnell verflachen und unverbindlich werden.

Auch die Seele braucht Vorsorge

Wir kennen solche regelmäßigen Gespräche beim Arzt. Er lässt sich unsere Symptome schildern, untersucht und behandelt dann den Körper. Schließlich wollen wir ja gesund bleiben. Ebenso verlangt die Seele nach einer speziellen Vorsorgeuntersuchung oder geistlichen Therapie. Eigenartigerweise aber wird in diesem Bereich – im Unterschied zum penetranten Wellness-, Fitness-, Beauty- und Bodystress – noch sehr viel unterlassen. Was man nicht sieht und was nicht unmittelbar schmerzt, verdient offenbar keine Beachtung. So kann es denn sein, dass die versäumte Vervollkommnung der Seele nach dem Tod von Gott selber in einem einzigen Akt der Gnade geschenkt wird oder von ihr selber nachträglich noch erlitten wird (Fegefeuer = Zeit der Läuterung).

Was du heute kannst besorgen . . .

Ein Alkoholiker will von seiner Droge loskommen. Allein gute Absichtserklärungen nutzen nichts. Im Alleingang geht es auch nicht. Also sucht er die Selbsthilfegruppe auf und verbündet sich mit anderen Leidensgenossen. Sie alle setzen sich zum Ziel, für die nächsten acht Tage keinen Tropfen Alkohol zu trinken. Damit dieser Vorsatz verbindlich und gewichtig wird, legen sie ein Gelübde ab. Sollte Gefahr im Verzug sein, werden die anderen oder eine Bezugsperson sofort darüber informiert.

Faule taktische Manöver wie »nur ein kleines Gläschen« oder »heute noch ein letztes Mal« werden somit sabotiert. Selbstverständlich haben sie Jesus in ihr Herz gelassen, eine sogenannte Lebensübergabe gemacht. Das Gebet gehört zur Therapie. Das Programm der christlichen AA-Gruppen (AA = Anonyme Alkoholiker) ist erfolgreich.

Wenn Rückfälle kommen

In Hamburg ist vor einigen Jahren ein stadtbekannter Rocker gestorben. Rocky hieß er: Sein Gesicht war völlig tätowiert, er trug einen Irokesenhaarschnitt und schwarzes Leder. Rocky war 50 Jahre alt, als er in einem Hamburger Krankenhaus starb und unter großer Anteilnahme der Bevölkerung zu Grabe getragen wurde; denn Rocky bekehrte sich vor seinem Tod und erzählte seine Lebensbeichte auf Tonband und in einem Buch, beides im Buchladen erhältlich.

Immer wieder erlitt er Rückfälle: Er nahm Drogen, führte ein wildes sexuelles Leben, geriet in okkulte Machenschaften und mehrmals in Konflikt mit der Justiz. Immer wieder nahm er sich vor, endlich ein neues Leben zu beginnen. Und immer wieder fiel er in seine alten Laster zurück. Doch er gab nicht auf, weil er ahnte, dass da in seinem Leben noch einer war, der zu ihm hielt: Gott.

Er wurde krebskrank. Auf dem Krankenlager legte er seine ergreifende Lebensbeichte ab. Und er wusste, dass er trotz seines verpfuschten Lebens von Gott angenommen würde. Dieses Wissen hat ihn vor Resignation bewahrt, ähnlich dem Schächer am rechten Kreuz, dem zugesagt wurde, »noch heute im Paradies« zu sein.

Wenn das Leben misslingt

Ein missglücktes Leben muss nicht zur Depression führen; viele ältere Menschen werfen sich schwere Versäumnisse vor, Erziehungsfehler, moralische Verfehlungen. Es ist gewiss schmerzlich, wenn einem das Leben nicht gelingt. Doch Gott vergibt jedem, der ihn darum bittet; denn Erfolg ist kein Name

Gottes. In einem Lied heißt es: »Und wenn du dann zu Gott gelangst, wenn du vor ihm stehst voller Angst, weil du nur Scherben hältst in deiner Hand, dann sammelt er sie wieder ein, fügt sie zusammen glatt und fein und flüstert dir ins Ohr, was dir bekannt: Ich bin der Töpfer mit den guten Händen, der dich zu dem gemacht hat, der du bist. Was du beginnst, das werde ich vollenden, es zählt, wer guten Willens ist.«

Was kommt nach der Arbeit?

»Nach getaner Arbeit ist gut ruh'n«, lautet eine bekannte Volksweisheit. Doch die Wirklichkeit schaut etwas anders aus. Weder am Ende des Tages noch am Ende eines arbeitsreichen Lebens will sich die gute Ruhe so recht einstellen. Viele Menschen klagen unter Schlafstörungen, unter berufsbedingten körperlichen Erkrankungen, unter Sinnverlust. Die einen sehnen sich nach einer Frühpensionierung, damit sie noch »etwas vom Leben haben«; die anderen fallen ins Loch, sobald sie in Rente gehen.

Nur wenige sind vorbereitet
Wer in der Arbeit aufgeht, geht nach der Arbeit oft unter; er gleicht einem Auto, das eine Panne erlitten hat: Der Lebensmotor ist ihm genommen worden. Er ist depressiv, resigniert oder lehnt sich auf. Nicht selten kommt es zum Pensionierungsschock oder zum Verlust der sozialen Bindungen mit all den traurigen Begleiterscheinungen wie Alkoholismus, Vernachlässigung der Körperpflege, geistiger Abbau. Wo noch der Lebenspartner oder eine intakte Familie vorhanden ist, schaut es besser aus. Wer vor der Pensionierung verschiedene Interessen hatte, wer angelte, Gartenarbeit verrichtete, ausreichend soziale Beziehungen pflegte oder sich mit Büchern befasste, kommt besser weg. Die Langeweile trifft vor allem diejenigen, die einen Mangel an Übung, an Gewohnheit, an Phantasie haben. Sie fallen andern schnell zur Last. Während ihrer berufli-

chen Aktivität haben sie nie etwas anderes gemacht; die Routine der Arbeit überdeckte die Leere ihres persönlichen Lebens. Jetzt, wo sie sehr viel Freiheit und Freizeit haben, wissen sie nichts damit anzufangen. Sie wurden zur Arbeit und nicht zur Muße erzogen, ein fatales pädagogisches Versäumnis. Für viele berufstätige Frauen gibt es noch einen anderen Ruhestand; das ist der Zeitpunkt, wo sich ihre Kinder zu emanzipieren beginnen, meist viele Jahre vor der Pensionierung. Dann spielt die Frau ihre Mutterrolle weiter und mischt sich gutmeinend in die Angelegenheiten ihrer längst verheirateten Kinder ein. Es fällt ihr schwer, das Gefühl der Leere zu überwinden. Auf diesen neuen Zeitabschnitt ist sie nicht vorbereitet. Manche Mütter warten dann ungeduldig auf die Enkel, um so eine neue Aufgabe zu haben. Ob der Einstieg in diese neue Phase gelingt, hängt von vielen Faktoren ab: von der körperlichen und geistigen Verfassung, vom sozialen und finanziellen Status, von der Selbsteinschätzung, von der Fähigkeit, sich auf Neues einzulassen, sich weiterzubilden, und schließlich von der Sinngebung und Deutung des eigenen Lebenskonzepts.

Wir lernen zu wenig für das Leben

Die Vorbereitung auf den Ruhestand muss gewissermaßen eine Schule für Freizeitgestaltung sein. Wer Muße mit Müßiggang verwechselt, wird jedoch nie einen unbefangenen Zugang zum »Nichtstun« finden. Auch diejenigen, die aufgrund einer anstrengenden und zeitraubenden Berufstätigkeit nie zu einer vernünftigen und vergnüglichen Freizeitgestaltung kamen, können rasch ins Loch fallen, wenn der ersehnte Tag des Ruhestandes gekommen ist. Wer schon sein ganzes Leben lang seinen außerberuflichen Interessen nachgehen konnte und sich dafür auch die Zeit nahm, wird später besser wegkommen. Auch kann die Angst vor der Freiheit und Eigenverantwortung jegliche Initiative ersticken; es bleibt dann vielleicht noch der Konsum der Freizeitindustrie mit ihren mehr als fragwürdigen Angeboten.

Die Frage, was nach der Arbeit kommt, ist dann schnell beantwortet: das Fernsehen. Nun muss nicht sicher sein, dass Basteln, Gartenarbeit und Stammtisch allein zu einem glücklichen Lebensabend verhelfen können. Diese Dinge waren oft nur angenehmer Zeitvertreib während einer mehr oder weniger interessanten Karriere.

Das Selbstbild ist entscheidend

Wer sich immer schon gering einschätzte, tut sich natürlich keinen Gefallen; er beraubt sich wichtiger Eigenschaften, die zu einer befriedigenden Gestaltung des Lebens(abends) gehören: Selbstvertrauen, Mut zum Neuen, Kontaktbereitschaft, Recht auf Fehler und Grenzen. Es ist erwiesen, dass solche Menschen das Alter eher negativ bewerten und sich dem Schicksal ergeben, während sich die Selbstbewussten und Engagierten stets für »jung« halten und auch bemüht sind, dies zu zeigen. Natürlich gibt es unter ihnen auch solche, die den Altersprozess verleugnen und sich bis zur Peinlichkeit betont jugendlich geben. Diese Sorte der ewig Jungen hat nicht gelernt, auch dem Alter etwas Positives abzugewinnen und zu den verschiedenen Lebensphasen Ja zu sagen.

Nur 20% der 60-jährigen und 51% der 70-jährigen bezeichnen sich selbst als alt. Da für sie der Begriff »alt« ein abfälliges Etikett darstellt, setzen sie sich darüber hinweg. Sicher hängt das Selbstbild auch vom körperlichen und geistigen Zustand ab. Während sich die einen schon mit Beginn der Haarergrauung zum Alter zählen, tun das die anderen erst bei einschneidenden Behinderungen (z.B. Rheuma). Für die Mehrzahl verändert sich mit dem Rückzug aus dem Berufsleben die Lebenszufriedenheit kaum. Sie hängt im Übrigen auch ab vom wirtschaftlichen Status, von der Höhe der Rente und von der familiären Situation.

Was muss beachtet werden?

Eine lebenslängliche Einübung in kreative Zeitgestaltung, in das Ausprobieren von Interessen und neuen Aktivitäten, vor allem die Erhaltung und Gewinnung von Freunden sind die besten Voraussetzungen für Zufriedenheit. Wer sich körperlich fit halten will, muss keinen sportlichen Stress betreiben. Regelmäßige Bewegungsübungen wie Treppensteigen (statt Fahrstuhl), Gymnastik, einmal am Tag außer Atem kommen und genügend Sauerstoff reichen aus. Gesundes, maßvolles Essen ist selbstverständlich. Wer immer wieder auch fastet und eher weniger isst (allerdings mit zunehmendem Alter auch viel Flüssigkeit zu sich nimmt), kommt besser weg. Wir müssen uns eingestehen, dass nicht alles machbar ist; manches ist genetisch programmiert oder einfach von Gott zugemutet. Deshalb ist die Pflege geistlicher Werte für die Qualität des Lebens nicht zu unterschätzen. Wer ein Warum zu leben hat, erträgt fast jedes Wie.

Wer sich die zufriedenen und aktiven Alten anschaut, stellt fest, dass sie immer schon eine versöhnliche Lebenseinstellung, ein reiches Arbeitsprogramm und eine sinngebende Antwort auf ihr Dasein hatten. Ernst Jünger (103 Jahre), Heinrich Spaemann (97 Jahre), Oswald von Nell-Breuning (100 Jahre), Johannes Heesters (99) sind einige Beispiele dafür.

Es ist gut, sich neue Aufgaben zu suchen: Aufsicht über die Enkel, Krankenbesuche, ehrenamtliche Mitarbeit bei Vereinen, Besuch eines Volkshochschulkurses usw. Manchmal führt der plötzliche Verlust des Arbeitsplatzes zu einer Veränderung des gesamten psychosozialen Verhaltens. Ängste werden deutlicher, Schuldgefühle treten auf, der Blick zurück blockiert den Weg nach vorn. Es ist darauf zu achten, dass die Tugenden des Alters geübt werden: Toleranz, Gelassenheit, Weisheit, Demut und die Gewissheit, immer näher zu Gott zu rücken. Die Erfahrung zeigt, dass sich im Alter die vorhandene Güte noch verstärkt, aber auch eine immer dagewesene Unzufriedenheit deutlicher zutage tritt. Tendenzen werden verschärft und erscheinen dann unabänderlich.

Die Notwendigkeit einer Umkehr

Die Bedingung für einen glücklichen Ruhestand liegt in einer Änderung der Haltung und Sichtweise. Man muss sich rechtzeitig seiner Lebensprobleme bewusst werden, um an ihnen zu arbeiten. Dabei sollte der Arzt oder Pfarrer, der diesen Menschen über Jahre hinweg begleitet hat, helfen. Eine solche Änderung bedarf einer Art Bekehrung.

Ich kannte einen Mann, der sich stets endlos über andere beklagte und verbittert war. Doch plötzlich änderte sich seine

Sicht. Er sprach nicht mehr von den Ungerechtigkeiten, deren Opfer er gewesen war, sondern davon, was er sich selbst vorzuwerfen hatte, und bemühte sich um Versöhnung. Er schien verändert und hatte auch ein anderes Gesicht. Das war der Anfang einer positiven Gelassenheit.

Eine andere Person unternahm in ihrem Ruhestand nichts mehr, weil sie meinte, all ihr Tun sei vom Misserfolg begleitet, eine Folge von Niederlagen. Plötzlich hatte sie den Einfall bekommen, ihren Führerschein zu machen. Und das war der Beginn ihrer Verwandlung.

Umkehr kann nicht per Ratschlag erfolgen; sie muss aus dem Menschen selbst hervorbrechen.

Wenn gar nichts mehr geht

Diejenigen, die mitten im Arbeitsprozess stehen, vergessen oft das Beten. Manche haben keinen Bezug mehr zu Gott und spotten mitunter über die Alten, die immer noch ein paar Kirchenbänke füllen und für die Lebenden und Verstorbenen ihrer Familie beten, ja ihre letzten Reserven und ihre schmerzlichen Grenzerfahrungen Gott aufopfern.

Wenn gar nichts mehr geht, bleibt die Hoffnung auf den guten Ausgang der Dinge, bleibt das Vertrauen in die Barmherzigkeit Gottes. Schuldvorwürfe, das Gefühl der Sinnlosigkeit und die Erfahrung, nicht mehr gebraucht zu werden, können einem schwer zusetzen und sind nur in einer psychologischen oder geistlichen Begleitung aufzufangen. Das Leid ist nur durch Annahme zu ertragen.

Immer wieder begegnen wir in Märchen und Weisheitsgeschichten erfahrenen und klugen Alten, erleuchteten Meistern und weisen, betagten Frauen. Um zu einer solchen Erleuchtung zu kommen, bedarf es lebenslänglicher Einübung und vor allem des Hinhörens auf die Stimme des Herzens. Dazu muss man frei werden von eigensüchtigen Gedanken, vom ichzentrierten Beten und von dem Gedanken, was andere von einem denken.

Wenn gar nichts mehr geht, weil der Körper streikt, weil die Umstände es nicht mehr zulassen, dann bleibt allein das Recht, sein Leben so angenehm wie möglich zu machen, da ein jeder nach einem langen Arbeitsleben ausruhen darf.

Es reicht, da zu sein, weil Gott mich noch gebrauchen will, selbst in meiner Ohnmacht oder im frühen Verlust des Arbeitsplatzes. Denn manchmal sind wir ihm in einer solchen Not viel näher. In dieser Hinsicht ist Papst Johannes Paul II ein Vorbild; er »steigt nicht vom Kreuz herab«.

Selbstablehnung ist unchristlich

Im Zeitalter von Fitness, Jugend und Erfolg haben nicht allein alte Menschen Probleme, sondern auch Jugendliche. Sie leiden unter Minderwertigkeitsgefühlen und Versagensängsten. Auf der Suche nach dem eigenen Ich bleiben manche in der Sackgasse stecken; andere klammern sich an Idole und kopieren sie. Dabei bleibt die eigene Originalität auf der Strecke. Unsere leistungsorientierte Erziehung, die zum ständigen, heimlichen Vergleichen mit anderen Leuten verführt und die jedes Eigenlob »stinken« lässt, macht eine ausgewogene Selbsteinschätzung schwierig. Wer als Kind und Jugendlicher überfordert wurde und immer ein anderer sein musste, als er gerade war, wird mehr wollen als können und schließlich immer weniger können als wollen. So kommt es zur Unterschätzung der eigenen Person und zur Überschätzung der Mitmenschen. Immer sind die anderen klüger, schöner, besser und erfolgreicher als man selber. Da viele von ihnen zum Perfektionismus neigen und überhöhte Leistungsvorstellungen haben, können sie sich nicht an ihren Erfolgen freuen.

Eine Frau warf sich Unfähigkeit vor, weil sie statt der geplanten zwanzig Pfund nur die Hälfte davon abgespeckt hatte. Sie sah nur das unerreichte Gesamtziel, ohne sich überhaupt am erreichten Teilziel erfreuen zu können. Sie litt, wie viele andere auch, nicht so sehr an den Tatsachen des Lebens als vielmehr an der Art, wie sie diese nahm. Denn nicht die Umstände machen einen krank, sondern die Gedanken darüber. Wer beispielsweise denkt: Ich kann mich nicht annehmen, weil ich einen Fehler habe, überbewertet den Fehler. Würde er sich mit den Menschen auf eine Ebene stellen, sich also realistischer einschätzen, sähe er nicht nur seine eigenen Grenzen. Jeder hat Talente und auch Schwächen. Es kommt darauf an, sie zu kennen und sie zu akzeptieren. Und wenn mich niemand lobt für meine kleinen Erfolge, dann tue ich es selber. »In Demut ehre auch dich selber und gib das Zeugnis dir, das dir gebührt.« (Sir 10,28) Ich rate dem, der von sich selber nicht viel hält, zu mehr Kontakten mit seiner Umwelt. Andere dürfen getrost meine Schwächen sehen. Deswegen bin ich nicht weniger lebens- und liebenswert. Wer aber meint, seine vermeintlichen und wirklichen Mängel verbergen zu müssen, überschätzt sie. Mut zur Unvollkommenheit ist eine Eigenschaft des erlösten Christen, weil er sich von Gott geschaffen, begabt und geliebt weiß, auch wenn manche Menschen ständig an ihm herumnörgeln. Solche Nörgler sind unzufriedene Menschen, die sich dauernd gegen jemanden wehren müssen, weil sie ihre eigenen Macken verdrängen.

Am ehesten vermag der Kontakt mit Freunden zu heilen. Deshalb ist es wichtig, sich Beziehungen zu schaffen und sich nicht zurückzuziehen. Wer viel unternimmt, Gemeinschaft pflegt, Hobbys entwickelt und sich mit anderen austauscht, wird selbstbewusster und stabiler. Dann ist es belanglos, ob ich etwas falsch mache, meine Grenzen erfahre, da ich ja auch die Fehler und Grenzen der anderen erfahre. Tatsächlich hängt meine Lebenswürdigkeit nicht von meinen Leistungen ab.

Ich habe Angst zu versagen

Mancher verfällt in Passivität und Resignation, wenn er wiederholt versagt. Er schürt eine Erwartungsangst und beschwört buchstäblich sein Versagen herauf, weil er darauf wartet. In der Folge kämpft er verbissen um Anerkennung und bedient sich dabei manchmal auch der Angeberei; mitunter schmückt er sich mit fremden Federn, um sich Bewunderung zu verschaffen. Doch das Selbstwertgefühl lässt sich damit kaum verbessern. Man könnte ihm zurufen: Mach dich nicht so groß, so klein bist du doch nicht!

Schüchterne Menschen reagieren anders. Sie ziehen sich zurück, sobald sie sich angegriffen meinen. Und sie glauben sich sehr oft angegriffen. Leider tragen sie wenig dazu bei, verstanden zu werden. Hier können nur viel Geduld und Ermutigung helfen, die in der Kindheit aufgebaute Wand der sozialen Ängste abzutragen.

Die Versagensangst geht manchmal einher mit einem überhöhten Leistungsdruck. Wer sich zu hohe Ziele setzt und überschätzt, läuft Gefahr, eher zu versagen. Er sollte seine Ansprüche etwas niedriger halten und auch die überhöhten Erwartungen seiner Mitmenschen bremsen. Jeder hat ein Recht, Fehler zu machen und seinen Arbeitsrhythmus selber gestalten zu dürfen. Es gilt die Regel: Ich bin nicht dazu da, die Wünsche anderer ständig erfüllen zu müssen. Und die anderen sind nicht dazu da, immer meinen Erwartungen entsprechen zu sollen. Jeder soll seine Anlagen erkennen und wagen, auch auf die Möglichkeit hin, sich zu blamieren.

Mich mag niemand; ich bin nicht gefragt

Wer so denkt, schätzt Menschen und Situationen falsch ein. Es kann vorkommen, dass manche Leute einen nicht mögen. Das ist schmerzlich, aber keine Katastrophe. Es ist nicht möglich, alle Menschen zu Sympathisanten zu haben. Das gelingt nicht einmal Gott. Ein paar Freunde reichen. Wer aber so negativ denkt, neigt zu Misstrauen, zur Unterschätzung der eigenen Kräfte und zum Zweifel am Wohlwollen der anderen.

Gestern besuchte mich ein junger Mann, der im Gespräch zu meiner großen Überraschung sagte, er habe das Gefühl, dass ich ihn ablehnte. Ich war betroffen; denn ich mag ihn. Er konnte das Gefühl der Ablehnung nicht begründen. Er projezierte seine Selbstablehnung in mich. Wer sich selber nicht für liebenswert hält, kann kaum glauben, dass andere ihn annehmen. Und dann wird jede Beurteilung zu einer Verurteilung, jedes Nein zu einem persönlichen Drama. Und weil er Anerkennung sucht, ist er stets gefällig, überfürsorglich, unterwürfig, angepasst. Zu der Angst vor Ablehnung gesellt sich dann die Aggression gegen jene, um deren Gunst er mit seinem unendlichen Entgegenkommen buhlt. Auch hier vermögen Ermutigung und Selbsterkenntnis den Weg zu sich frei zu machen.

Eine Frau klagte über ihre Einsamkeit und darüber, dass niemand an ihr Interesse zeige. Sie hielt sich für wenig attraktiv, was ich allerdings nicht bestätigen konnte. Im Gespräch kam heraus, dass sie selber eine unbewusste »Komm-mir-nicht-zu-nah-Haltung« signalisierte, weil sie zwar die Nähe suchte, zugleich aber vor ihr Angst hatte. Sie meinte, den Anforderungen eines Partners nicht gewachsen zu sein, und gab bei jeder Annäherung diese Angst verschlüsselt zu verstehen. Sobald jemand Interesse zeigte, mauerte sie. Das deutete der andere als Desinteresse und ließ ab.

Sie aber missverstand den abgebrochenen Annäherungsversuch als Mangel an Liebe und fühlte sich in ihrem eingebildeten Unwert bestätigt. Alsbald traten diffuse Schuldgefühle ein, und sie schämte sich vor sich selbst.

Versagen kann durch Vergebung aus der Welt geschafft werden. Doch der Mensch, der von sich selber nicht viel hält, tut sich schwer, anderen und sich selber zu verzeihen. Er fühlt sich schlecht, da er sich schlecht macht. Und weil er sich schlecht behandelt, gönnt er sich auch nichts. Er meint, nur durch Leistung und Erfolg habe er das Leben oder die Liebe zu verdienen. Gott aber liebt immer, auch den größten Sünder. Und »wer sich selber nichts gönnt, ist anderen eine Last. Drum versag dir nicht das Glück des Tages . . . und gönne dir, was dir zusteht« (Sir 14)!

Es ist immer wieder die leistungsbetonte Erziehung, die ein solch depressives Denken erzeugt. Am Ende kann dann Resignation folgen und nicht selten die Depression:

Ich mag nicht mehr, das Leben hat für mich keinen Sinn mehr

Abgesehen von den organisch begründeten Depressionen gibt es die viel häufigere hausgemachte negative Denkweise, das Leben sei schon deshalb sinnlos, weil ich keinen Sinn erkennen kann oder weil Gott meine Bitten nicht erhört. Wer auf Selbstschutz angelegt ist, wer auf Grund von enttäuschten Riesenerwartungen sehr bald in die Bequemlichkeit flüchtet, neigt zu depressiven Reaktionen. Vielleicht hat er als Kind nie gelernt, mit Konflikten umzugehen und für Ziele zu kämpfen, da er verwöhnt oder überstreng erzogen wurde. Um den Problemen auszuweichen, macht sich der Mensch nun ganz klein; selbst die Stimme wird dünn und leise.

Hilfe kann in der Veränderung dieser falschen Denkweise bestehen. Mancher muss streiten und kämpfen lernen, notfalls mit therapeutischer Hilfe. Die Bibel empfiehlt das faire Streiten: »Wenn euch jemand Unrecht tut, stellt ihn zur Rede!«

Andere müssen mehr Interesse für ihre Mitmenschen entwickeln, um so von sich selber wegzukommen. Denn nur wer von sich selber absehen kann, kommt zu sich. Selbst ein hartes Leben mit schweren Verlusten oder Schuldanhäufungen verliert nicht seinen Wert; denn nur durch Schmerz kommt der Mensch zum Heil. Das hat Jesus immer wieder gelehrt. Dankbarkeit üben, anderen Freude machen, Licht anzünden statt über Dunkelheit zu klagen, das sind Mittel zur Überwindung einer ängstlich-feindseligen Lebenseinstellung.

Sich Gutes tun

Jeder will das Beste für sich. Aber was ist das? Zahlreich sind die Wünsche, und vieles wird angeboten auf dem Markt. Doch ist alles gut? In der Auswahl und Konzentration zeigt sich der Meister. So kommt der Mensch eher zu dem, was Leib und Seele wirklich gut tut, als bei ungezügeltem Konsum.

Auf der Fahrt nach Wien legte ich eine Musik-Cassette ein. Ein Bekannter hatte sie mir kurz zuvor geschenkt. »Damit's dir unterwegs gut geht«, sagte er noch. Also tat ich mir etwas Gutes an und lauschte ergeben den musikalischen Botschaften. Plötzlich hämmerte es unmissverständlich aus dem Cassettendeck: »Ich will alles, ich will alles, und zwar sofort!«

Aha, dachte ich, die junge Dame besingt den Ist-Zustand der heutigen Generation – alles haben, am besten sofort. In der Tat: Wir bekommen es überall einsuggeriert. Die Werbung tut es; viele TV-Spielsendungen tun es; die Industrie tut es. Alles dreht sich darum, möglichst viel möglichst rasch zu erwerben. Oder anders: vom Geld, das ich nicht habe, Dinge kaufen, die ich nicht brauche, um sie dann Menschen zu schenken, die ich nicht mag. Oder?

Verzichten heißt gewinnen

Für viele Menschen ist der tägliche Verzicht auf das Notwendigste die Regel. Sie tun es nicht, weil religiöse oder gesundheitliche Überlegungen dahinterstecken. Sie tun es, weil sie keine andere Möglichkeit haben. Ihr Besitz steckt im Überfluss der Reichen. Für die Reichen aber wäre der Verzicht ein Gewinn, vorausgesetzt, sie leisten ihn freiwillig und planvoll. Der Gewinn besteht in der Erfahrung einer neuen Freiheit: Denn wer alles bekommt, was er will, dem bekommt nicht alles, was er bekommt. Rasch gesellt sich zur Habsucht der Neid hinzu. Und der entspringt einem tiefen Mangel an Erfüllung und Lebenssinn. Auf die Frage nach dem Wert und Sinn des freiwilligen Verzichts verweise ich auf die Erfahrung derer, die es getan haben: Die Selbstüberwindung befreit die Seele und führt zur Herrschaft des Geistes über den Körper. Das weiß jeder, der regelmäßig fastet, auf das Fernsehen verzichtet oder eine andere Übung konsequent tut. Die materiellen Dinge erhalten einen anderen Stellenwert im Leben, der Blick für das Wesentliche wird freigelegt, die Dankbarkeit für Gottes Gaben wächst. Und: Wer wenig braucht, muss nicht mehr verzichten müssen. Es wird für ihn zu einer Selbstverständlichkeit.

Fasten kann heilen

Das Heilfasten ist unter Frauen sehr beliebt. »Es reinigt den Geist und den Körper, weckt neue spirituelle und seelische Kräfte und führt den Menschen zur Gotteserkenntnis.« So schreibt die hl. Hildegard von Bingen. Ich möchte bezweifeln, ob heute die vielen Fastenden die Erneuerung ihrer geistlichen Kräfte zum Ziel haben. Vielen geht es nur um die körperliche Entschlackung; da spielt Gott keine große Rolle.

Die Bibel empfiehlt immer wieder das Fasten (Mt 6,16 ff.): Jesus praktizierte es, Ninive übte sich darin und die Jünger mussten angesichts einer erfolglosen Heilung hören, dass

»diese Krankheit nur durch Gebet und Fasten zu heilen ist« (Mk 9,29). Der hl. Pfarrer von Ars war ein Dauerfastender; dies und sein eifriges Gebet hatten die Bekehrung seiner Pfarrei zur Folge. Es bleibt das Geheimnis Gottes, wieso fromme Verzichtsübungen der einen zu Veränderungen der anderen führen können.

Kein Leistungssport

Es gibt auch eine selbstquälerische Haltung des Verzichts, nämlich dann, wenn einer meint, er habe das Leben mit seinen vielen »Sonderangeboten« nicht verdient und müsse Abbuße tun, um seinen Gott zu besänftigen oder sich das Gefühl der Lebensberechtigung zu verdienen. Oder anders: Da will jemand nicht wirklich Buße tun und sich ändern; er benutzt das Fasten lediglich als Ausgleich zum lasterhaften Leben. »Wer wird auf sein Gebet wohl hören, was nutzt ihm all sein Fasten?« (Sir 34,26)

Rabbi Mosche nimmt sich vor, vierzig Tage zu fasten. Er schafft es fast ganz. Am vorletzten Tag jedoch überfällt ihn ein derartiger Heißhunger, dass er verführt ist, in der nächstbesten Imbissbude einzukehren. Doch er bleibt hart und sagt sich: »Ich werde doch wohl nicht wegen eines einzigen Tages meine gesamte Fastenzeit in Frage stellen und meine bisherige Ausdauer zunichte machen!« – Bei diesen Gedanken kehrte plötzlich der geistliche Stolz ein. Als Rabbi Mosche das merkte, wurde er zornig darüber und nahm sich vor, den Stolz zu besiegen, indem er sein Fasten abbrach und sich zur lmbissbude begab. Niemals sollte er sagen können: Ich habe es geschafft, vierzig Tage lang ohne Unterbrechung zu fasten. Als er die Imbissbude betrat, um den Stolz zu besiegen, verließ ihn plötzlich der Hunger, und er konnte guten Gewissens seine Fastenzeit vollenden.

Was Rabbi Mosche erfahren hat, kennt so mancher fromme Christ. Mir scheint, dass es mitunter ein größeres Opfer ist, auf ein kleines Opfer zu verzichten. Wer also angesichts seiner frommen Leistungen Gefühle des Stolzes und der Eitelkeit bekommt, sollte seine guten Taten bremsen und die Motive hinterfragen.

Manchmal ist Verzichten auch Verlieren

Es kommt vor, dass wir allzu gern eigene Ideale verwirklichen wollen und nicht so sehr den Willen Gottes. Das führt schnell zur Selbstüberschätzung und anschließend zur Resignation.

Eine Frau fastet, weil sie schlanker werden möchte. Sie ist zu allem bereit und setzt sich eine Frist, in der sie zwanzig Pfund abnehmen will. Die Frist erweist sich als zu kurz; am besagten Tag X bringt sie erst zehn Pfund weniger auf die Waage. Enttäuscht darüber greift sie zur Pralinenschachtel und isst erst eine, dann zwei gefüllte Marzipankugeln. Als sie ihrer Naschsucht bewusst wird, erschreckt sie, zögert einen Moment, gelangt zur bitteren Erkenntnis, eine fette und unverbesserliche Schlampe zu sein, und isst mit einem Schlag die ganze Schachtel leer. Das Fasten hatte ein jähes Ende. Schuld daran waren ihre überhöhte Anforderung, der Mangel an Geduld sowie ihr Hang zur Selbstbestrafung. Und so bleibt jede Verzichtsunfähigkeit Folge einer mangelnden Selbstannahme oder fehlenden realistischen Zielvorgabe. Solche Menschen, die alles Gut der Welt haben, haben es meist nicht gut; wenn ihnen nicht klar wird, was es heißt, aus geistlichen Motiven heraus Verzicht zu üben, werden sie niemals die wahre Freiheit kennen lernen.

Das Beispiel eines Industriellen

Herr Liebherr ist ein reicher Mann. Jeder kennt seine Produkte: die Liebherr-Land- und Baumaschinen. Er verwaltet ein Millionenerbe. Das heißt, jetzt nicht mehr. Denn inzwischen hat er auf seine Erbschaft verzichtet, die Leitung niedergelegt. Heute unterstützt er religiöse Projekte und setzt sich ein für die Verbreitung der christlichen Botschaft. Er sagt, seine Freiheit habe erst begonnen am Tag seiner schriftlichen Verzichtserklärung auf alle wirtschaftlichen Anrechte seines elterlichen Betriebes. Das kam so: Eines Tages baute er einen Autounfall. Sein Wagen kam ins Schleudern, geriet von der Fahrbahn und prallte gegen die Mauer einer Marienkapelle. Während sein Wagen nur noch Schrott war, stieg er unverletzt aus den Trümmern und begab sich erst einmal in die Kapelle. Als er ein Dankgebet sprach und innehielt, wurde ihm die Bedeutung seines Unfallortes klar. Gott hat ihn beschützt. Und ein Plan reifte in ihm. Er, der bis dahin kein guter Christ war und sich nie sonderlich engagierte, versprach Umkehr, Verzicht auf einen Millionenbesitz und Unterstützung der katholischen Kirche. Herr Liebherr hielt sein Wort. Ich habe ihn als einen bescheidenen und wahrhaft überzeugenden Christen schätzen gelernt.

Dankbarkeit als Frucht des Verzichts

Man erzählt sich, dass in der Hölle alle Wünsche erfüllt werden. Und zwar alles und sofort. Das Höllische daran ist die Langeweile, die sich bald daraufhin einstellt, und auch der weiter wachsende Konsumwahnsinn. Sofortige Triebbefriedigung führt zum Überdruss und zum Tod der Kreativität. Am Ende steht die Selbstzerstörung. Auf meinen Reisen komme ich immer wieder mit armen Menschen in Kontakt. Mit wirklich armen und doch auffallend frohen Menschen. Was mir auffällt, ist ihre Gastfreundschaft und Dankbarkeit. Wie kommen solche Menschen zur Dankbarkeit, fragt man sich. Das kleinste Geschenk weckt in ihnen eine ansteckende, kindliche Freude. Sie haben es nie anders gekannt. Zugleich haben sie ein großes Gottvertrauen. Armut und Frömmigkeit scheinen Hand in Hand zu gehen. Ist nicht deshalb schon das Verzichtüben und Loslassen nützlich? Dankbarkeit ist die Tugend derer, die sich immer beschenkt wissen; sie schützt in vielen Fällen vor Depressionen und vor Aggressionen. Das Loslassen mag uns allen schwerfallen, besonders dann, wenn es vom Schicksal erzwungen wird. Deshalb muss es innerlich angenommen und bejaht werden. Wer es immer wieder einübt, indem er Liebgewordenes abgibt, vom Ballast sich freimacht, einengende Bindungen und falsche Abhängigkeiten aufgibt, schaut über den Horizont hinaus und bekommt einen Blick für das Wesentliche. Dann geht's ihm gut. Verzicht ist dann kein Opfer mehr, sondern Lebensgewohnheit. Und es steht uns allen gut zu Gesicht. Man gönnt sich ja sonst alles.

Auch im Alter kann man noch lernen

Vergessen Sie alles, was Sie je über die abnehmende Lernfähigkeit im Alter gelesen haben. Neuere Forschungsergebnisse zeichnen ein optimistisches Bild von den Lernpotenzialen im Erwachsenenalter. Sogar im hohen Alter bleibt der Mensch lernfähig, mag sich auch die Art und das Ziel des Lernens verändern.

Unsere Gesellschaft ist schnelllebig geworden; da verpassen immer mehr Menschen den Anschluss. An Computern, in Fitnessräumen und Schönheitssalons findet das Leben statt; die Zukunft gehört denen, die sich im Cyberspace auskennen, die ihre Muskeln spielen lassen, die ihr Outfit pflegen. Und dann die Sprache? Wo ist sie geblieben, die deutsche Schrift- und Umgangssprache? Wer heute das englisch-deutsch-elektronische Kauderwelsch nicht kennt, ist weg vom Fenster. Wer sich nicht auskennt im bargeldlosen Zahlungsverkehr, wird auf seine Enkel angewiesen sein, die für ihn die Geschäfte tätigen. Es ist doch ganz einfach: Sie brauchen nur Ihren Chip einzuführen oder Ihr Passwort inklusive Username einzutippen, nachdem Sie aus dem Kontextmenü die Option Explorer . . . Alles klar? Oder bestellen Sie doch ganz cool bei McDonald's einen Hamburger mit etwas Ketschup (den kennen Sie ja schon), selbstverständlich im Auto sitzend am McDrive-Schalter. Ist doch sehr praktisch oder in der Sprache der Kids: topp-geil.

Schafft die elektronische Informationsgesellschaft zwei Klassen?

Im Augenblick ja. Wie so oft, wird auch das sich ändern. Seit der Erfindung der Dampfmaschine wurden wir in rasantem Tempo von der Technik und Elektronik eingeholt. Ob Radio, Telefon, Flugzeug, Fernsehen . . ., stets gab es Befürchtungen. Inzwischen sind wir vertraut im Umgang mit diesem »Teufelszeug«.

Niemand muss befürchten, abgehängt zu werden; an ihm selber liegt es, ob er mitkommt oder nicht. Die Bereitschaft zur Anpassung und zum neuen Denken (Innovation) muss mit zunehmendem Alter keineswegs abnehmen. Immer mehr ältere Menschen sitzen in den Universitäten und Volkshochschulen, um Neues zu lernen, und es sind keineswegs die Exoten unter den Alten. Wem allerdings als Kind schon das Lernen vermiest wurde, der wird sich schwer tun; denn solche negativen Lernerfahrungen prägen noch im späten Alter die Annahme, Lernen sei stets mühsam und freudlos.

Dem muss nicht so sein. Das ganze Leben ist ein Lernprozess. Wer von sich aus Interesse hegt, hat die beste Voraussetzung zum Lernen. Es gibt keinen biologisch programmiert fortschreitenden Abbau von Lernfähigkeit und Intelligenz. Sicher müssen gewisse Bedingungen erfüllt sein, damit Lernen gelingt. Was möglicherweise im Alter nachlässt, sind das Kurzzeitgedächtnis und die Fähigkeit, rasch Schlussfolgerungen zu ziehen. Aber das lässt sich trainieren.

Selbst Experten kommen ins Schleudern

Technologische Veränderungen haben ein Tempo erreicht, das selbst große Unternehmen zum Grübeln bringt. Als ich einen Computerabsturz hatte und 100 Seiten meines neuen Buches im Nichts versanken, kam nicht nur unsereiner ins Schwitzen; auch zwei herbeigerufene Experten waren mit ihrem Latein am Ende. Der 17-jährige Nachbarjunge hingegen schaffte es, innerhalb einer Stunde alle 100 Seiten wieder aus der Versenkung heraufzuholen. Charisma? Glück? Nein, der Junge sitzt stundenlang vor seinem Computer und übt, spielt, surft, experimentiert, irrt, korrigiert und lernt. Er ist nicht intelligenter als die Experten; er ist vielleicht ein bisschen mehr motiviert und interessiert. Und er hat Zeit.

Wer nicht mehr mitkommt, sollte sich fragen, ob er überhaupt ein Lernziel hat. Viele Erwachsene trauen sich nicht mehr so recht zu, neues Wissen und neue Fertigkeiten zu erwerben, weil sie ihre eigene Lernfähigkeit zu niedrig einschätzen; sie haben Furcht vor Misserfolgen und Blamagen. So etwas blockiert. Und manches potenzielle Genie bleibt unerkannt.

Und dann noch der Stress mit der ewigen Schönheit

Die Medien verkünden es uns, die Plakate zeigen es und die Modebranche führt es uns vor: Schöne Menschen braucht das Land. Leistung allein reicht nicht mehr aus; da muss noch optisch nachgeholfen werden. Also rein in die Fitnesshallen, raus aus den Speckfalten. Beauty-Center und Nail-Studios wachsen aus dem Boden; Wellness-Kur-Angebote sind in vielen Hotels ein Muss. Kürzlich war ich mit einem Freund eine Woche auf Fitness-Urlaub in einem Allgäuer Hotel. Natürlich vier Sterne. Sonderangebot. Da konnten wir nicht nein sagen. Gesundheitsbewusst, wie wir sind, ernährten wir uns nach den neuesten sportmedizinischen und ökotrophologischen Erkenntnissen, gingen täglich schwimmen, quälten uns täglich zwei Stunden im Fitnessraum ab. Bei manchen Geräten musste ich meine Hassliebe überwinden. Alles in allem: Wir waren begeistert. Jetzt sind wir natürlich süchtig nach weiteren Sonderangeboten. Beschämt musste ich eingestehen, dass der häusliche Alltag so ganz anders aussieht. Und meine Optik vor dem Spiegel auch . . .

Doch Schluss mit der Ironie. Ich rate jedem, der es auch nur halbwegs kann, zu regelmäßigem Sport. Wer seinen Körper fühlt, wer immer wieder neue unbekannte Muskeln kennen lernt, ist besser drauf. Gerade auch zu Depressionen neigende Menschen verbessern ihre Grundstimmung erheblich, wenn sie in Bewegung bleiben und mit anderen zusammen ihren Körper fit halten. Das muss gar nichts kosten – nur Überwindung der Trägheit.

Was muss ich tun, um nicht zu rosten?

Es gibt einige Rezepte, die ins Alter Qualität bringen. Bei manchen jungen wie alten Menschen habe ich das Gefühl, dass sie nichts für sich tun. Sie jammern vor sich hin, verfallen in Trägheit und bekommen prompt die Probleme, die sie heraufbeschwören. Der Satz: »Ich bin ja schon so alt, das kann ich nicht«, oder: »In meinem Alter brauch' ich das nicht mehr«, ist gefährlich. Ich rate dringend davon ab.

Treiben Sie mäßig, aber regelmäßig Sport. Essen Sie vernünftig. Motivieren Sie sich, immer auch Neues zu lernen und von den Jüngeren Kenntnisse anzunehmen. Bleiben Sie eigenständig und eigenwillig. Seien Sie sich bewusst, dass Sie einmalig sind. Und schließlich: Ihr Selbstwertgefühl besteht unabhängig von den Fehlern, die Sie machen. Wenn Sie sich trotz Ihrer Mängel von Gott geliebt wissen (nicht fühlen), sind Sie zu beneiden. In diesem Zustand können viele Jüngere von Ihnen lernen.

Und noch eins: Trainieren Sie Ihren Geist, Ihr Gedächtnis! Wer täglich stundenlang vor dem Fernseher sitzt, wird körperlich und geistig träge.

Die Alten sind auf dem Vormarsch

Da immer mehr Leute immer älter werden, ist es mit dem vorzeitigen Ruhestand nicht getan. Bereits in den jungen und mittleren Jahren muss der Mensch für seine alten Tage Vorsorge betreiben. Dazu gehören ausreichend soziale Beziehungen auch zu Jüngeren, Hobbys, Reisen, Betätigungen in Gruppen, Neugier . . . So manche rüstige Oma betätigt sich als Babysitterin, als Märchentante im Kindergarten; und mancher Oldie vermittelt an Volkshochschulen sein fachliches Wissen oder belegt selber Kurse in Sachen Computer.

Das Alter darf nicht mehr automatisch Anlass sein für abwertende Meinungen oder für den Rückzug in die Einsamkeit. Es ist nicht zwingend, dass einer im Alter sagen muss: »Hilfe, ich komme nicht mehr mit.« Er kann sagen: »Hilf mir mitzukommen.« Und dann wird eines Tages der Moment da sein, wo er zu Recht erkennt: »Jetzt komme ich nicht mehr mit. Jetzt bereite ich mich aufs Gehen vor.«

Vergebung macht heil

Es gibt keine Heilung ohne Vergebung. Und eine Therapie, die den Bereich von Schuld, Gnade, Vergebung ausklammert, kommt nicht zum Kern der Sache; die Kerngesundheit bleibt aus. Die zentralste Psychohygiene ist stets die Entsorgung unnötiger Belastungen; es bliebe uns viel Unheil erspart, wenn wir die Kultur der Vergebung praktizieren würden. Sie ist eine der wesentlichen Anliegen Jesu: Vergib deinen Mitmenschen siebenmal siebzigmal, also immer.

Vergebung ist Willenssache

Wer sich schwer tut, anderen zu vergeben, also alles an Gott abzugeben, verwechselt vermutlich den willentlichen Vorgang der Vergebung mit dem emotionalen Prozess der Versöhnung. Vergeben heißt: Ich werfe dir deine Schuld nicht mehr vor; ich behandle dich fair und korrekt, wenngleich meine Gefühle noch sehr gekränkt sind. Deshalb kann ich dich jetzt noch nicht in die Arme nehmen; vielleicht später mal.

Versöhnung braucht Zeit; je sensibler und gekränkter einer ist, desto länger dauert der Prozess der emotionalen Heilung. Wenn der Papst seinen Attentäter Ali Agca im Gefängnis besucht und umarmt, dann ist dies der Ausdruck von Versöhnung. Doch Gott weiß um unsere Verletzungen und um unseren Mangel an Demut. Deshalb fordert er lediglich den rationalen Akt der Vergebung, der aufhört, schmutzige Wäsche zu waschen und täglich neu alte Wunden aufzureißen.

Ein sehr verletzter junger Mann konnte nach einem Gespräch über seine Verwundungen beten: »Herr, ich tue mich schwer, meinem Vater zu vergeben. Doch da ich weiß, dass auch er ein Verletzter ist, will ich es vom Verstand her tun. Vergib ihm in meinem Namen, ich komme später nach.«

Nur Verletzte verletzen

Immer, wenn ich als Kind meine Mutter mit frechen Bemerkungen verletzt habe, sagte sie: »Jörg, jetzt hast du mir weh getan. Wolltest du das?« Natürlich wollte ich das so nicht; aber ich war selber gekränkt und wollte mich durch aggressives Verhalten davon befreien. Nur Verletzte verletzen andere. Dabei treffen sie mitunter Menschen, die gar nicht gemeint sind. Gemeint sind vielmehr die wirklichen Täter, vielleicht ein Lehrer oder ein Kamerad oder ein Arbeitskollege. Gelegentlich meint man sich auch selber. Wer seine Wut stets verdrängt, weil er meint, sie sei unerwünscht und sündhaft, tut sich nicht immer einen Gefallen; denn Wut sollte in fairer und sachlicher Weise ausgedrückt werden. Wer sie also herunterschluckt, wird sie allzu oft in verschlüsselter und verletzender Weise zeigen, nur um sich von ihr frei zu machen. Der Preis für diesen falschen Befreiungsschlag ist auf Dauer die eigene Gesundheit oder die Sympathie des anderen.

Woran erkenne ich mein Gekränktsein?

Sie haben sicher schon einmal mit Menschen gesprochen, deren Freundlichkeit unecht war, deren Lächeln aufgesetzt war. Manchmal kann es sein, dass solche Menschen urplötzlich aggressiv werden. Ihr gesamtes Verhalten ist nicht stimmig, nicht verhältnismäßig. Sie sind gekränkt und wissen es oft nicht, weil die seelische Verletzung aus Kindheitstagen stammt. Andere beschimpfen ihren Partner sehr häufig, leiden darunter und verstehen sich und die Welt nicht mehr. Wieder andere fallen dadurch auf, dass sie ständig meckern und maulen, nichts ist gut genug; sie sind einfach grantig und unglücklich. Dann gibt es jene, die sich in Selbstgesprächen immer schlecht machen, mit sich schimpfen, nicht gut sind zu sich selber. Sie meinen, das Leben nicht verdient zu haben. Bei allen liegt eine tiefe Verwundung, ein seelisches Trauma zugrunde. Eines der schlimmsten Traumata ist der emotionale oder der sexuelle Missbrauch. Er kann das Selbstwertgefühl völlig zerstören und zu einer dünnhäutigen Psyche führen. Diese Seele ist sehr rasch verletzt und braucht lange, dem Täter zu vergeben.

Manchmal zeigt sich das existenzielle Gekränktsein am Essverhalten: Magersucht, Ess- und Brechsucht sind deutliche Symptome einer Verwundung: Diese Menschen haben sich zum Fressen nicht gern, sind sich zum Kotzen. Ihr schwaches Ichgefühl vermag auch nicht, Kritik zu ertragen. Sofort verschließt sich die Seele, leidet erneut und ist nicht imstande, genügend Abwehrkraft gegen Frustrationen und Kränkungen aufzubauen. Entweder kapselt sich dieser Mensch völlig ein oder er kämpft auf aggressive Weise einen erfolglosen Kampf gegen seine Umwelt.

Wie kann ich mich vor Kränkungen schützen?
Indem ich sie nicht persönlich nehme. Wir haben ja gehört, dass sie meist einem anderen gelten. Indem ich mit dem Betroffenen darüber spreche oder ihm direkt sage, dass er mich jetzt gekränkt hat. (Aber seien Sie sparsam damit, sonst könnte man meinen, Sie seien eine Mimose, die jede falsch dosierte Bemerkung als persönliche Beleidigung auffasst.) Indem ich für den Täter bete: Herr, vergib ihm, er weiß nicht, was er gerade tat. Oder: Herr, verzeih ihm, er weiß genau, was er gerade tat.

Wer sich selber nicht so wichtig nimmt, wer Humor hat, hat es besser. Und wer ein bisschen Menschenkenntnis besitzt, weiß um den Bumerangeffekt solcher Kränkungen. Erstens fallen sie auf den zurück, der sie ausspricht, und zweitens können sie gesundheitliche Schäden herbeiführen, wenn ich sie nicht loslasse. Also beten Sie jeden Abend, bevor sie zu Bett gehen: Herr, entsorge mich!

Wie geht Vergebung?
Die einfachste Methode ist die: Sie übergeben im Herzen die wirkliche oder vermeintliche Kränkung an Gott und gehen zur Tagesordnung über. Dem Betreffenden geben Sie durch Ihr sachliches Verhalten zu verstehen, dass die Angelegenheit vom Tisch ist. Sie können ihn aber auch zum Essen einladen und dadurch in beeindruckender Weise Ihre Konfliktfähigkeit demonstrieren. Sie werden sehen: der andere weicht völlig auf.

Haben Sie hingegen eine Entschuldigung zu tätigen, so tun Sie es mündlich oder schriftlich. Nimmt der andere diese Entschuldigung nicht an, ist das sein Problem. Sie sind – jedenfalls vor Gottes Augen – aus dem Schneider. Ich kann ja niemanden zwingen, mir mein Fehlverhalten zu vergeben. Aber wie gesagt: Wer nicht vergibt, wirft einen Bumerang.

Es gibt juristische Grenzfälle, wo Worte und guter Wille nicht reichen. Dann überlegen Sie sich gut, ob der Schritt zum Anwalt klug ist. Wenn Rufmord, materielle Schädigung oder eklatante seelische Verletzungen vorliegen, ist der Ruf nach Wiedergutmachung durchaus sinnvoll. Denn meine Würde darf verteidigt und wiederhergestellt werden. Wenn es denn gar nicht mehr anders geht, so meint auch der hl. Paulus, dann muss der Richter entscheiden. In seinem Fall rief er den römischen Kaiser an, und ab ging es nach Rom. Eine beschwerliche Reise zur Rechtsprechung . . .

Üben Sie sich in der Gelassenheit: Wer mir weh tun will, ist selber gekränkt. Er braucht Liebe. Und Liebe brauchen besonders jene, die sie nicht verdient haben.

Durch Abschied wachsen

Weil wir Angst haben vor Einsamkeit und innerer Leere, tun wir uns schwer, Dinge, Ideen oder Menschen loszulassen. Wir binden uns an sie oder sie an uns, um uns das Gefühl von Sicherheit und Geborgenheit zu geben. Und allzu oft verfügen wir über andere, damit wir uns selber nicht verlieren. Doch solche Abhängigkeiten verhindern das Wachstum. Wer so sein Leben zu gewinnen versucht, wird es verlieren.

Leben ist Abschiednehmen

Es heißt, der Mensch erneuere sich alle sieben Jahre. In Wahrheit tut er es viel öfter, meist unbemerkt und fließend. Allein während der ersten 20 Lebensjahre gibt es sechs Phasen, in denen der Mensch einen neuen, manchmal schmerzlichen Aufbruch verspürt, der sein Denken und Handeln verändert. Gleichzeitig muss er immer wieder gerade vertraut Gewordenes zurücklassen: Kindergarten, Schule, Freundeskreis . . . Im weiteren Lebensverlauf wird er nicht nur biologisch zum Loslassen und Annehmen genötigt, sondern vor allem seelisch: Da sind die ersten selbstständigen Gehversuche nach der Ausbildung, dann kommt mit der Heirat die Trennung vom Elternhaus, die leider nicht immer gelingt und dann zum Hindernis in der Ehe wird; es folgt der Umzug in eine andere Stadt. Jetzt gilt es, Abschied zu nehmen von der vertrauten Umgebung. Später erlebt er mit dem Ruhestand einen starken Einbruch in seinem psychosozialen Gefüge. Wenn er hierauf nicht vorbereitet ist und sich ausschließlich in die Arbeit gestürzt hat, kann er in eine Depression fallen. Mit zunehmendem Alter fällt vielen Menschen das Loslassen schwer. Schließlich kommt der Tag, an dem er im Sterben Abschied nehmen muss von seinen liebsten Menschen. Was ihm dann noch bleibt, ist der Glaube an ein Weiterleben und Wiedersehen bei Gott.

Wenn Abschied misslingt

Menschen, die nicht loslassen können, weil die Verlustangst zu groß ist und sie in ein tiefes Loch zu fallen meinen, blockieren ihre eigene Entwicklung. Sie kreisen zwanghaft um sich selbst und wollen verbissen alles festhalten, was ihnen Sicherheit und Geborgenheit verspricht. Wer sein Alter um jeden Preis verleugnen will, weil er der Jugendzeit nachtrauert, wird sich vielleicht wie ein Jugendlicher kleiden und benehmen, oder er wird es allen zeigen, wie sportlich und tatkräftig er noch ist – bis er umfällt. Geckenhaftes Benehmen der Alten, kindisches Verhalten der bereits Erwachsenen – jeder spürt, irgendetwas stimmt nicht. Wer »nicht bereit zu Aufbruch ist und Reise« (Hermann Hesse), bleibt fixiert auf jener Stufe und entwickelt fragwürdige Abwehrmechanismen gegen alles und jeden, der ihm das Liebste nehmen will.

Es gibt so etwas wie eine neurotische Fixierung:

Jemand versucht immer wieder, gegenwärtige Konflikte mit Mitteln zu lösen, die er als Kind bei ähnlichen Konflikten angewandt hat. Aber es klappt nicht. Er begreift nicht, dass ihn das Leben überholt hat; er hat sich nicht rechtzeitig auf das Neue eingestellt. So will er durch verbissenes Schweigen oder durch herbeigeführte Missgeschicke auf sich aufmerksam machen und einen Wunsch durchboxen. Oder er läuft vor einer Verantwortung weg. In beiden Fällen handelt er kindisch. Früher mag das die Eltern weich gemacht haben; doch heute gelingt es nicht mehr. Wenn jedoch die anderen darauf mit der gewünschten Zuwendung reagieren, dann zeigen sie ihrerseits ein Fehlverhalten. So sind beide Seiten stecken geblieben in einer früheren Verhaltensstufe. Und bei gewissen Situationen, die der damaligen gleichen, reagieren sie wie damals. Sie sind stehen geblieben.

Beide Seiten müssen loslassen

Es genügt nicht, dass sich ein Kind allein bemüht, eigene Wege zu gehen und seine Eltern und Geschwister abzunabeln. Auch die anderen Familienmitglieder müssen dabei helfen. Hier zeigt sich allerdings, wie schmerzlich dies ist und wie viele Eltern ihre Kinder festhalten möchten. »Ich will doch nur dein Bestes«, sagte die Mutter zu ihrem Sprössling. Der antwortete darauf: »Das bekommst du nicht. Das behalte ich für mich selbst!« Dass Jesus mit zwölf Jahren den Eltern einmal davonlief (Lukas 2,41 ff.) und sich einen Tadel von der Mutter einfing, verstehe ich auch als Hinweis auf die Notwendigkeit einer rechtzeitigen Abnabelung. Mit Beginn der Pubertät müssen Eltern ihren Kindern in dosierter und altersgemäßer Weise Raum zur Eigenverantwortung schaffen und sie allmählich loslassen. Sonst bleiben diese Kinder unter Umständen ein Leben lang an die Eltern gebunden und erleiden eine begrenzte oder gar keine Beziehungsfähigkeit.

Erika wohnt zu Hause bei ihrer Mutter. Beide führen einen Zwei-Personen-Haushalt. Erika ist 35 Jahre alt und hübsch. Niemand versteht, weshalb sie nicht heiratet. »Was soll ich heiraten? Mir fehlt nichts. Und außerdem würde ich sowieso keinen passenden Mann finden«, sagt sie. In Wirklichkeit ist sie auf die Mutter fixiert und diese auf ihre Tochter. Beide brauchen sich, aber nicht, weil sie sich lieben, sondern sie lieben sich, weil sie sich brauchen. Eine symbiotische Paarbildung, die keinen Abschied nehmen kann. Es gibt viele, bei denen die Loslösung nicht gelingt und die spätestens beim Tod der einzigen Bezugsperson ins Loch fallen. Heiraten sie, lässt sich leicht beobachten, dass sie nun den Partner zum Elternersatz machen.

Regelmäßig bekomme ich in Telefonaten und Gesprächen zu hören, dass sich Menschen Fehler aus längst vergangenen Tagen vorwerfen und sich keiner Vergebung erfreuen können. Zwar haben sie im Sakrament der Versöhnung (Beichte) alles bekannt, auch bereut, aber der Blick zurück lässt sie nicht los. Diese Menschen haben sich selber nicht vergeben. Manche meinen, Gott hätte ihnen nicht vergeben, doch dagegen spricht das ganze Verhalten und Reden Jesu. Und der Psalm 65. Für Perfektionisten, für stolze Menschen, aber auch für solche, die ihre Lebensberechtigung von Leistung und Erfolg abhängig machen, ist das Abschiednehmen von solcher Altlast schwer. Sie erstarren wie weiland Lots Weib zur Salzsäule, weil sie ständig in die Vergangenheit blicken und kein Vertrauen in Gottes Barmherzigkeit und auch keines zu sich selber haben. Mitunter kehrt der Täter an den Ort der Tat zurück. Die Sache lässt ihm keine Ruhe; zwanghaft treibt es ihn. Allein ein aufrichtiges Bekenntnis und ein anschließendes Loslassen führt zur inneren Freiheit. Die einzige Abhängigkeit, die frei macht, ist die Abhängigkeit von Gott. Und der wünscht nicht, dass wir uns immer anklagen und alte Schuld heraufbeschwören.

Lass die Toten die Toten begraben

Sie kennen dieses strenge Wort Jesu an den jungen Mann, der ihm folgen, zuvor aber noch seinen Vater beerdigen wollte. Jesus wünscht eine verbindliche und radikale Nachfolge. Während die einen sich schwer tun, sich vom Besitz zu trennen, fällt es anderen schwer, Verstorbene loszulassen. Sie fallen in eine schwere Depression, denken vielleicht an Selbsttötung oder bauen um sich Altäre mit Erinnerungsstücken aus dem Leben des Toten. Sie leben und reden mit ihm, handeln so, wie er es zu Lebzeiten wünschen würde, denken für ihn und sind emotional ausschließlich von ihm besetzt. Manche suchen mit Hilfe von spiritistischen Medien Kontakt zum Verstorbenen und rutschen so immer tiefer in eine verhängnisvolle Sucht. Sie wollen sich nicht mit dem Endgültigen bescheiden, können keinen Abschied nehmen. Dabei fällt auch auf, dass die Erinnerungen an den Toten schön gefärbt werden, weil die unschönen Realitäten verdrängt werden. Und da so mancher nur noch an den eigenen Tod denkt, lebt er schon lange nicht mehr. Auch der Abschied in Würde muss geübt sein.

Wenn einer am Sessel klebt

Wer kennt sie nicht, die machtbesessenen Politiker, die großen wie die kleinen Chefs in den Betrieben und Konzernen, die ihren Sessel nicht freimachen wollen, obgleich Alter, Krankheit oder Ausgebranntsein einen Wechsel fordern würde. Da ist Dieter H., der mit 42 Jahren längst den Betrieb des Vaters übernehmen könnte, doch vom 67-jährigen Senior nicht herangelassen wird. Sein Vater traut ihm die Fähigkeit nicht zu. In Wirklichkeit will er seine starke Position nicht aufgeben. Ihn quält der Gedanke an die langweilige Zeit nach der Berentung. Und noch viel schlimmer: Er fürchtet die Neuerungen, die sein Sohn vornehmen wird. So zeigt es sich, dass der Senior die veralteten Betriebsstrukturen nicht abgeben und die neuen Chancen in einem Ruhestand nicht annehmen kann. Die Angst vor dem Machtverlust ist nur ein Hindernis, Pöstchen und Ämter, Sonderaufgaben und gutdotierte Positionen zugunsten Jüngerer aufzugeben. Ein anderes ist der Gedanke an die leere Zeit danach, an die Rückkehr zur unteren Etage mit dem Verlust gewisser Privilegien. Doch gerade der Mut zum Platzmachen bringt den Menschen einen großen Schritt weiter in Richtung Demut und Weisheit. Leid entsteht auch durch das Verliebtsein in das Vergängliche.

Neue Ufer
Unser Leben ist ein fortwährender Prozess, in steter Unruhe, »bis es ruhet in Gott«. Deshalb brauchen wir auch Vertrauen in das, was uns Gott zumutet. Er blockiert niemals unsere Weiterentwicklung; im Gegenteil: Indem er uns neue Wagnisse zumutet, zum Abschiednehmen auffordert, ermöglicht er unser Fortschreiten, das sein Ziel und seine »ewige Ruhe« in Gott selber findet. Jede Grenze ist eine Staustufe, an der ich höher steigen kann.

Nicht überall den Teufel wittern

»Herr Pater, ich bin verflucht und brauche dringend einen Exorzismus! Ich kam mit der Kinesiologie in Berührung.« – »Herr Doktor, seit ich beim Heilpraktiker war und dort autogenes Training machte, geht es mir schlecht. Helfen Sie mir!« – »Meine Gebetsgruppe hat mir gesagt, Homöopathie und Akupunktur seien okkulte Dinge. Aber es hat mir so geholfen. Jetzt habe ich Angst. Was soll ich machen?«

Solche Anrufe kriege ich täglich; sie ärgern mich. Derartige Aussagen zeugen von einem doppelten Mangel: Wer solches behauptet, kennt weder die christliche Lehre richtig noch hat er Ahnung von der Materie der Alternativmedizin. Es ist erstaunlich, wie hartnäckig sich unter ängstlichen und fundamentalistischen Christen Falschaussagen halten können. Da behauptet einer, Homöopathie sei dämonischer Art, weil die Wirkung nicht erklärbar sei oder weil ihr Begründer Hahnemann Freimaurer gewesen sei, und ein ganzer Trupp naiv gläubiger Menschen hängt sich dran. Als Beweis für die Richtigkeit dieser Behauptung werden dann Krankheitssymptome genannt, die sich nach Gebrauch homöopathischer Mittel einstellten. (Als hätten die allopathischen Mittel niemals derartige Folgen.) Hier werden völlig falsche Kausalketten gebastelt. Allein die Tatsache der empirischen (mikroskopischen) Unfassbarkeit kann niemals ein Grund zur Ablehnung sein, schon gar nicht religiös motiviert.

Die Information ist das Geheimnis

Im Jahr 2001 machten Biochemiker und Biophysiker eine interessante Beobachtung. Sie klebten auf verschiedene Gläser mit Wasser Etiketten mit Begriffen wie »Hass«, »Tod« oder »Liebe«, »Harmonie« usw. Nach einiger Zeit untersuchten sie das tief gefrorene Wasser und entdeckten im Mikroskop Erstaunliches: Das Wasser mit den positiven Begriffen enthielt phantastische Kristalle, auch farblich sehr beeindruckend; das Wasser mit den negativen Begriffen war tot. Die Kristalle waren zerstört. Vom Geschmack her gab es keinen Unterschied. Von Zweifeln an dieser Erkenntnis gepackt, setzten sie die Untersuchung fort. Diesmal stellten sie die Wassergläser auf Fotos von Kindern, von Verbrechern, von Heiligen, von Gesunden und Kranken. Wiederum zeigten sich dieselben Ergebnisse: Die Kristalle, die mit den positiven Fotos in Berührung waren, enthielten symmetrische, heile, bläuliche Kristalle, während die anderen zerstörte, farblich verwaschene Kristalle aufwiesen. Man ging weiter und setzte das Wasser unterschiedlicher Musik aus: Heavy Metal Rockmusik, Klassiker, geistliche Musik usw. Das Ergebnis: Die Wasserkristalle der Heavy Metal Musik waren zerstört; die anderen in schönster Formation. Fazit der Wissenschaftler: Es gibt so etwas wie eine nicht messbare Information zwischen Materie und Geist. Ähnlich in der Homöopathie. Sie ist unfassbar, aber wirkungsvoll. (Masaru Emoto: Die Botschaft des Wassers. Band I. Koha-Verlag, Burgrain 2002)

Angst und Unwissenheit führen zur Verteufelung

Wenn man die Argumente der Gegner aufgreift, dann müsste man auch den Weihrauch ablehnen, weil er aus dem heidnischen Raum stammt; ebenso viele Weihnachts- und Osterbräuche. Dann müsste man all jene therapeutischen und medizinischen Praktiken ablehnen, die von Menschen entwickelt oder entdeckt wurden, die nicht christlichen Glaubens waren. Paulus mahnt die Prüfung an und empfiehlt, das Gute zu behalten. Wer Angst hat, wittert schnell den Teufel. Überhaupt wird diesem Wesen von manchen Christen zu viel Ehre angetan. Sie betreiben eine Art »Dämokratie«: Was nicht plausibel ist oder was nicht unmittelbar biblisch belegt ist, wird dem okkulten (hier: dämonischen) Bereich zugesprochen. Auch die Akupunktur wird verteufelt. »Die Nadeln schaffen künstliche Öffnungen, durch die negative geistige Mächte eindringen.« Wenn überhaupt etwas da eindringt, warum nicht positive Mächte? Die Schöpfung Gottes ist phantasievoller und geheimnisvoller, als wir uns das je vorstellen können. Und jedwede Behauptung, dies und jenes sei Werk des Teufels, bloß weil es in seiner Wirksamkeit nicht völlig erklärbar ist, ist ein Schlag in das Gesicht des Schöpfers. Apropos Öffnung: Passen Sie auf beim Gähnen. Da könnten Legionen von kleinen Teufelchen einströmen.

Der Segen ist stärker

Wenn Wasserkristalle ihre Struktur verändern aufgrund geistiger Informationen (z.B. dadurch, dass jemand gute Gedanken an das Wasser schickt oder positive Begriffe auf das Glas klebt oder heilende Musik abspielt), dann ist es nur logisch, dass jeder Segen und Fluch seine Wirkung hat. Allerdings ist die Kraft des Segens stärker. Ich vermag mit Hilfe meiner guten Absichten, Gedanken, Worte und Werke und in Vereinigung mit Gottes Geist unglaubliche Dinge zu tun. Ich muss daher auch keine

Angst haben vor negativen Menschen. Sollte ich wider besseres Wissen magisch besprochene Medikamente einnehmen, so vermag das Segnen dieser Medikamente und mein Vertrauen auf Gott die Mittel zu entgiften. So verheißt es Jesus sogar seinen Jüngern. Von daher ist es jetzt auch einleuchtend, dass das Tischgebet eine geistliche Information darstellt, die – profan gesprochen – Einfluss hat auf die Kristalle der Nahrungsmittel. Und weil wir in dieser medizintechnisch so rasch fortschreitenden Entwicklung kaum alles erfassen und erklären können, bliebe nach Auffassung der ängstlichen Christen nur noch die Verweigerung. Man weiß ja nie, wer wo und wann auf welche Weise vielleicht irgendetwas magisch besprochen hat. Für die erlösten und vertrauensvollen Christen ist Segnen und Beten angesagt. Und dann die Nutzung der neuen Errungenschaften. Basta.

Internet, Alkohol und Harry Potter

Was hört man nicht alles über dieses »Teufelszeug«! Von der genialsten Erfindung Satans wird da geredet. Von den heimlichen Verführern unserer Kinder. Ich wundere mich, dass es nicht schon längst nach Schwefel riecht.

Alles hat zwei Seiten. Ich kann die Dinge des Lebens ge- oder missbrauchen. Ich kann mich im Internet völlig verlieren, kann abhängig werden, teure 190er Nummern unwissentlich wählen, mich von den Schmuddelseiten beschmieren lassen. Ich kann es aber auch sein lassen. Heute gibt es Filterprogramme, die mich davor schützen. Und die Nutzung dieser genialen Erfindung zu religiösen Zwecken (Katechese, Informationen, Webseiten der Orden, Gemeinden, Aufrufe zu Gebetstagen und Wallfahrten) ist nicht zu unterschätzen.

Der Alkohol (Arabisch: das Gute einer Sache) dient auch medizinischen Zwecken. In Maßen genossen, schweißt er die eben noch wildfremden Konsumenten am Tresen zu einer verschworenen Gemeinde zusammen. Er kann missbraucht werden, abhängig machen. Ist er deshalb die Erfindung des Teufels?

Bei Harry Potter scheiden sich die Geister. Anders als in den herkömmlichen Märchen und »Erzählungen aus Tausendundeiner Nacht« wird hier eine Fülle von magischen Handlungen, Verfluchungen und okkulten Ritualen geboten; im Film wirkt das

Ganze manchmal sehr verwirrend. Kinder ab 6 werden davon überfordert sein. Kritiker befürchten bei den Jugendlichen ein Nachahmen der magischen Handlungen; Gut und Böse stehen sich in dualistischer Weise gegenüber. Christliches Gedankengut kommt nicht vor. Aber: Wie wirken die traditionellen Märchen und Mythen auf ihre Leser? Auch hier gibt es Zaubersprüche und Verwünschungen. Solange das Böse dem Guten unterliegt und die Liebe siegt, sind die pädagogischen Anliegen erfüllt.

Übrigens wird im Film nur wiederholt, was wir in unseren nächtlichen Träumen und gelegentlich auch in unseren Tagträumen erleben: Wir zaubern, sind allmächtig, sind unsterblich, wenn uns nicht gerade ein Albtraum plagt.

Entdecken Sie die Geheimnisse der Schöpfung

»Macht euch die Erde untertan«, sagte Gott. Dazu gehört Mut, Wagnis, Vertrauen. Nicht alles kann sofort durchschaut oder abgesichert werden. In dieser Welt erkennen wir vieles nur schemenhaft, wie in einem schlechten Spiegel, schreibt Paulus. Wer um Erleuchtung betet, darf mit mehr rechnen. Oder sollten alle Mönche verteufelt sein, weil sie mittels Wünschelrute ihren Brunnen graben konnten? Sollte Hahnemann seine Potenzierungen satanischen Einflüsterungen verdanken, obgleich er doch betonte: »Nicht ich, sondern Gott heilt!«? (Natürlich sagen jetzt die Fundamentalisten, das habe ihm der Teufel vorgegaukelt.)

Gegen Dummheit ist nun mal kein Kraut gewachsen. Und wer den Teufel wittert, sieht schnell einen Pferdefuß.

Haben Sie also keine Angst vor der Alternativmedizin. Akupunktur, Homöopathie, Bioresonanz, Kinesiologie, Magnettherapie, Ayurveda-Öl-Massagen oder Bachblüten. Dies alles kann helfen, selbst dann, wenn es sich hie und da um Placebos handelt. Bei akuten Erkrankungen ist die Schulmedizin im Vorteil, bei vielen chronischen Erkrankungen vermögen die alternativen Methoden zu lindern. Und vergessen Sie nicht, dem Schöpfer aller Dinge zu danken. Manchmal gaukelt uns der Teufel das Böse als gut vor; und bei den ängstlichen Christen, da macht er es umgekehrt. Und so erreicht er es dann, dass viele Christen die Finger davon lassen.

Jörg Müller zum Thema psychosomatische Krankheiten

2002,
120 Seiten,
kartoniert,
ISBN 3-7984-0759-2

Das Buch ist die aktualisierte, völlig überarbeitete und erweiterte Neuausgabe von »Wenn die Seele trauert«.

Thema dieses Buches sind unsere scheinbar rein organischen Erkrankungen. Ob Magengeschwür, Durchfall, Erbrechen, Asthma, Kopfschmerzen, Bluthochdruck, Rheuma, Sexualstörungen, Krebs oder Diabetes: Kaum jemand bleibt von ihnen auf Dauer ganz verschont. Doch welche tiefere Wahrheit liegt hinter dem medizinischen Befund?

Jörg Müller gibt in seinem Buch Antworten. Auf originelle Weise deutet er die Sprache der Organe und hinterfragt die seelische Bedeutung von über 30 Krankheiten. Wer sein eigenes Leiden ganz neu verstehen will, erhält hier wertvolle Hilfen.

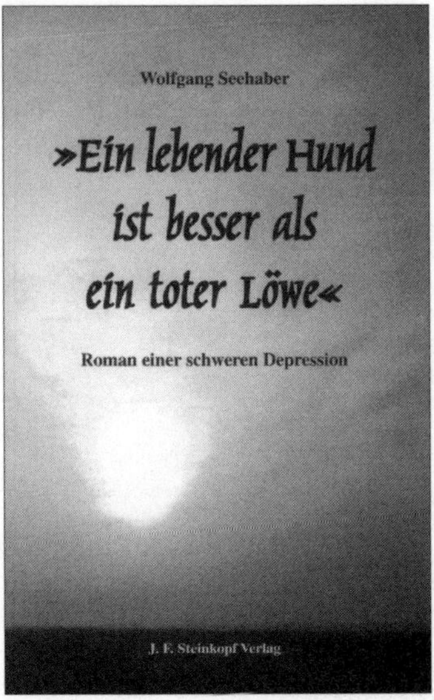

Eine große Hilfe für alle, die sich mit dem Thema schwere Depression beschäftigen

2001, 272 Seiten,
kartoniert,
ISBN 3-7984-0757-6

»Wer noch bei den Lebenden weilt, der hat Hoffnung; denn ein lebender Hund ist besser als ein toter Löwe.« (Kohelet 9,4)

Der Autor war erst Journalist u.a. beim »Spiegel«, dann Pastor in Schleswig-Holstein. Wegen schwerer Depressionen wurde er mit 50 vorzeitig pensioniert. Während seiner neunmonatigen Therapie in einer psychiatrischen Klinik schrieb er ein Krankenhaustagebuch, worauf dieses Buch basiert. Er ist geheilt und lebt heute mit seiner Frau und den zwei Töchtern in Kiel.

Wolfgang Seehaber wurde 1995 wegen seiner schweren Krankheit in den vorzeitigen Ruhestand versetzt. Wie es so weit kommen konnte, hat er in diesem Roman literarisch verarbeitet. Völlig authentisch zeichnet er die psychischen Abgründe schwerer Depressionen nach. Wohl nie zuvor hat ein Betroffener sein Schicksal in dieser Form so eindringlich beschrieben.

Der Verfasser wurde geheilt. Mit seinem Roman will er Kranken Mut und Hoffnung geben. Die Angehörigen werden nach der Lektüre eine ihnen oftmals völlig fremde Welt besser verstehen und damit den Depressiven besser helfen können.